U0693979

周雪 编写

中国古代名人传

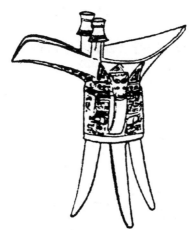

吉林出版集团股份有限公司

吉林教育出版社

图书在版编目(CIP)数据

中国古代名人传 / 周雪编写. —长春：吉林教育
出版社，2012.6 (2022.10重印)
（和谐校园文化建设读本）
ISBN 978-7-5383-8780-3

Ⅰ.①中… Ⅱ.①周… Ⅲ.①名人—列传—中国—古
代—青年读物②名人—列传—中国—古代—少年读物
Ⅳ.①K820.2-49

中国版本图书馆CIP数据核字（2012）第115967号

中国古代名人传
ZHONGGUO GUDAI MINGREN ZHUAN   周 雪 编写

策划编辑	刘 军　　潘宏竹		
责任编辑	尹曾花	**装帧设计**	王洪义
出版	吉林出版集团股份有限公司（长春市福祉大路5788号　邮编 130118）		
	吉林教育出版社（长春市同志街1991号　邮编 130021）		
发行	吉林教育出版社		
印刷	北京一鑫印务有限责任公司		
开本	710毫米×1000毫米　1/16　印张 13　**字数** 165千字		
版次	2012年6月第1版　**印次** 2022年10月第2次印刷		
书号	ISBN 978-7-5383-8780-3		
定价	39.80元		

编　委　会

主　　编：王世斌

执行主编：王保华

编委会成员：尹英俊　尹曾花　付晓霞

　　　　　　刘　军　刘桂琴　刘　静

　　　　　　张　瑜　庞　博　姜　磊

　　　　　　潘宏竹

　　　　　　（按姓氏笔画排序）

总 序

千秋基业，教育为本；源浚流畅，本固枝荣。

什么是校园文化？所谓"文化"是人类所创造的精神财富的总和，如文学、艺术、教育、科学等。而"校园文化"是人类所创造的一切精神财富在校园中的集中体现。"和谐校园文化建设"，贵在和谐，重在建设。

建设和谐的校园文化，就是要改变僵化死板的教学模式，要引导学生走出教室，走进自然，了解社会，感悟人生，逐步读懂人生、自然、社会这三本大书。

深化教育改革，加快教育发展，构建和谐校园文化，"路漫漫其修远兮"，奋斗正未有穷期。和谐校园文化建设的研究课题重大，意义重要，内涵丰富，是教育工作的一个永恒主题。和谐校园文化建设的实施方向正确，重点突出，是教育思想的根本转变和教育运行机制的全面更新。

我们出版的这套《和谐校园文化建设读本》，既有理论上的阐释，又有实践中的总结；既有学科领域的有益探索，又有教学管理方面的经验提炼；既有声情并茂的童年感悟；又有惟妙惟肖的机智幽默；既有古代哲人的至理名言，又有现代大师的谆谆教诲；既有自然科学各个领域的有趣知识；又有社会科学各个方面的启迪与感悟。笔触所及，涵盖了家庭教育、学校教育和社会教育的各个侧面以及教育教学工作的各个环节，全书立意深邃，观念新异，内容翔实，切合实际。

我们深信：广大中小学师生经过不平凡的奋斗历程，必将沐浴着时代的春风，吸吮着改革的甘露，认真地总结过去，正确地审视现在，科学地规划未来，以崭新的姿态向和谐校园文化建设的更高目标迈进。

让和谐校园文化之花灿然怒放！

本书编委会

目 录

老 子

老子,是我国春秋时期著名的哲学家、思想家和道家学派的创始人。老子姓李,名耳,又称老聃,楚国苦县(今河南鹿邑县)厉乡曲仁里人,一说为今安徽涡阳人。曾做过周王室管理藏书的史官,后来隐居不仕,不知所终。

在我国民间,老子被称为太上老君、道德真君,关于他有很多神话传说。

老子一生中最大的成就是开创了道家学派,并为后人留下了一部五千余言的《老子》。《老子》又分《道经》、《德经》,合称《道德经》。在此书中,老子详细阐述了他的"无为"思想,认为"为无为,则无不治",对后世产生了深远的影响,汉代黄老之术就是对"无为而治"的直接继承。

一、读书刻苦，终成学者

老子出生在楚国苦县，他刚一降生，家人就发现他的相貌不同于常人：他前额宽阔，耳垂特别大。按照当地人的说法，耳垂大是有福的象征，于是人们断言这孩子日后必定长寿。于是，他的父亲就给他起名叫李耳。

李耳小时候很聪明，肯动脑筋。有一次他和一群孩子们争论一棵大树是什么树，一个孩子看到树上有一个"槐"字，就说是槐树，李耳看到树的另一面写有"楝"字，就说是楝树，最后两人才弄清楚这原来是合欢树。从此以后，李耳认识到看问题不仅要看正面，还要看反面。他从益鸟和害鸟的外形相似，认识到善恶难分，要区分善恶，必须静心观察。

稍大一些，李耳便开始广泛地阅读各种书籍，很快，他就成为当地小有名气的人物了。但他并不满足，渴望读到更多的书，知道更多的道理，使眼界更加开阔。于是李耳在20多岁的时候，只身来到东周的政治文化中心——洛阳。因为他学识广博，没过多久就当上了负责东周王室的藏书史官。

有了更好的读书环境，李耳如饥似渴地拼命读书，产生了深邃睿智的思想。但由于他只注意研究关于道德的学问，所以一直过着默默无闻的生活。又经过多年钻研，李耳成为当时一位精通周礼理论与制度的大学者，被人们尊称为老子。

二、屡被免职，释礼于孔子

春秋末年，周王室衰微，把握政权的公卿结党营私，控制朝政。老子由于得罪了周甘简公，被免去了史官之职。之后，老子没有回故乡，而是到了崇尚周礼的鲁国进行考察。

老子在鲁国期间不断学习，感悟着世事变化。周甘平公即位后，老子官复原职。联系到自己的失官，老子认为这与自己的言行有失检点有关。自己得罪权贵而被免职，是因为忘了在福中蕴藏着祸患，粗心大意所导致。经过反复思考，老子认为守柔弱、守静笃是一种防止祸患的好方法。这便是老子思想的雏形。

老子复职后，孔子到周朝王城学习周礼，问礼于老子。在周王朝做了 30 年史官的老子，熟睹了官场的腐败，开始对周礼的实质有所认识。他耐心地解答了孔子的问题，诚恳地对他说："我送你几句忠言吧。在庙堂阶前有一尊'三缄其口'的金人，其背后刻有'无多言，多言多败；无多事，多事多患'等铭文。这铭文是我时常思考的人生问题，也是我要送你的良言，希望你去掉身上过多的骄气与功名利欲，及自我表现的毛病。"

不久，老子在周王室的内讧中又一次被免职，为此他回到阔别 30 多年的故乡。

三、探求天道，著《道德经》

老子在回乡的路上，看到一片破败的景象，从现实社会中感受到了人民的穷困和王室贵族的骄奢，越来越看清贵族们虚伪贪婪的真面目，他开始与自己过去所维护的周礼决裂开来，着手探索新的治世方法，进而探索宇宙的本源，形成道法自然、以无为本、有无统一的天道观。通过对天道的探求，老子的思想升华到一个非常精纯的高深阶段。

在老子回乡后，各诸侯国之间越战越乱，老子左思右想，决定去民风淳朴的秦国安度晚年。于是，老子骑着青牛上路了。没走几日，老子便来到了函谷关口，守关的官员正是老子的老友尹子，尹子盛情款待了老子。两位老友一起切磋学术观点。尹子对老子的思想非常感兴趣，建议老子把它写下来传给后世。经过几个月的努力，老子把自己关于道、德、无为而治、以弱胜强以及对宇宙、人生、社会等方面的见解，全部融于一书之中，写成一部五千余字的《道德经》。这部书最核心的内容是"道"。老子认为"道"是宇宙的本源，世间万事万物的形成和发展，都是由"道"

转化而成的。成书之后,老子继续西行,但此后就没有人知道他的下落了。

四、以柔克刚——《老子》的决胜之道

"柔弱胜刚强"是老子长期以来思考的结果。

从童年开始,李耳就对水产生了特殊的感情。水,是人类赖以生存的根本和源泉。没有水,就没有万物;没有水,就没有人类。水表面上柔弱无力,却有势不可当的力量。看着这似乎矛盾的水,童年李耳开始了深深的思考。这一思考过程是漫长的,其实老子的一生,都是在思考这个问题:水如此,为人处世何尝不是如此?

《老子》的七十八章对"柔弱胜刚强"作了阐释:"天下柔弱莫过于水,而攻坚强者莫之能胜,以其无以易之。弱之胜强,柔之胜刚,天下莫不知,莫能行。"第七十六章由水到人,到草木,说人活着的时候柔弱,死了变得坚强。万物草木活着的时候柔脆,死了变得枯燥。所以坚强的东西属于死亡一类,柔弱的东西属于生存一类。由于看到树木强大会折断,从而推断军队强大就会灭亡。

《吕氏春秋·不二篇》中载:"老聃贵柔"。守柔、处弱是《老子》中的决胜之道。

在老子看来,柔弱具有一种强大的生命力,不是虚弱,不是脆弱,而是柔韧,有一种不断发展、成长的动力,必定能战胜"强大"。因为,"强大"也就意味着已在走向死亡——物壮则老。

像水那样柔弱,那样趋下,那样平而后止;像水那样深沉平静,那样不求报答,正是为了"胜刚"、"胜强"。用《管子·明法解》的话说:"国君擅生杀,制群臣,富天下,威势尊显。"可谓雄强阳刚之至。要保持住刚强,不是立足于正面,而是立足于反面;不是运用刚强,而是保持阴、柔、弱、雌、厚。所以老子一方面委婉地暗示君人者:"天下之至柔(水与气),驰骋于天下之至坚,出入无有,人于无间"(四十三章);另一方面老子则明确地提倡："知其雄,守其雌","知其荣,守其辱","知其白,守其黑"(二十八章),即自知刚强,却始终保持柔弱。

当然有一点必须加以说明,"以柔弱胜刚强","守柔处弱",并不是"装"字便可解释的。因为这里的柔弱指的是发展着的强壮在发展过程中必定要呈现出的柔弱。

历史上每一个强大的帝国到没有任何外敌可以与之挑战时,便宿命般地走向衰亡,可以作为贵柔守雌的一个反证。

"以柔弱胜刚强",是《老子》的决胜之道,既是为人处世之道,又是治国之道,是老子辩证法思想的集中体现。

孔 子

在中国历史上,孔子是具有划时代意义的人物。战国时代,儒墨并称"显学"。儒家的创始人就是孔子。他以布衣之身闻名于世。他早年为了立足于世,于礼上多下功夫,提出了"克己复礼,仁也"的主张。他开办教育,并抱经世济民之志而游说诸侯各国,以其人格魅力和感召力浇铸了中华民族的品格。相传孔子有门人3000人,高足72人。晚年他致力于整理文献典籍,有《诗》《书》等,后世将其称为"六经"或"六艺"。

一、虚心求学

孔子自幼聪明,母亲教他说话、识字,他学一两遍就记住了。但好景不长,当孔子两岁时,父亲孔纥突然病卒,母亲颜氏含辛茹苦地抚养他长大。

公元前546年,5岁的孔子在家里跟母亲识字。孔子不仅聪明好学,而且非常刻苦,不懂就问,他的渊博知识就是这样一点一滴地积累起来的。随着年龄的增长,孔子在乡民中的影响也越来越大,特别是他舍命救儿童和救百姓之事在乡民中传为美谈。

孔子17岁时母亲去世,孔子立下志向,要在童年刻苦学习的基础上,奋发自学"六艺",并更加注重联系实际,研读"礼"这门学问。

在游太庙时,孔子不厌其烦地向老者请教祭祀的礼仪。帮人办事时,他主持礼仪之事、朗读祭文。为了生存,孔子年轻时还给人当过会计,做过管理畜牧的小吏。在帮人放羊时他还抽空拜师学习射箭。终于,孔子在曲阜阙里和乡间闯荡两年后,实现了他谋生和谋学相结合的计划。

在后来的成长岁月中,孔子依然虚心学习,发愤进取。他29岁时阔别亲友,跟师襄学琴;34岁时,到东都考察文物,学习礼乐。并与南宫敬叔一起登门问礼于老子。虚心求学最终使孔子成为一位大学问家。

二、弟子三千

孔子一生中有大部分时间是从事传道、授业、解惑的工作。他首创私学,进行授学,打破了"学在官府"的旧制度,突破了王宫贵族对知识的垄断,促进了文化在民间的传播。

孔子提倡"学以致用",他的教学目的,在于培养为实行"礼治"和"仁政"所需的人才,把"学"与"道"联系起来。孔子创造了一套卓有成效的教育方法。"因材施教"是孔子的一条重要的教学原则,即针对每个学生的个性和优缺点,循循善诱,尽量发挥其长处;在教学方法上,孔子重视启发式的教育方法,要求学生举一反三,由此及彼地进行推理和分析,这样就培养了学生的自觉性和独立思考的能力。此外,孔子还总结了一套正确的学习原则,譬如"学而知之"的唯物主义认识论,"知之为知之,不知为不知"的老老实实的学习态度,以及"不耻下问"的敬学态度等等。

孔子对学生的影响,一部分是通过言传,而更多的、更为深刻的则是身教。他的勤奋好学,他对真理、对理想、对完美人格的追求,他的正直、谦虚、有礼和对国家的忠诚与对百姓的关心,都深深地感染着他的学生和后人。

相传孔子有弟子3000人,贤弟子72人,在德行方面表现突出的有颜渊、闵子骞、冉伯牛、仲弓;在语言方面表现突出的有宰我、子贡;办理政事能力较强的有冉有、子路;熟悉古代文献的有子游、子夏。在孔子的弟子中,有不少人都干出了一番事业和成就,对于当时的政治,尤其是对于孔子思想的继承和传播,对于儒家的形成和发展,起了决定性的作用。

三、仕途艰辛

孔子不仅博学多识,而且毕生致力于为政和为人之道。他主张"学而优则仕",希望依靠自己的广博学识走上从政道路。然而,仕途的大门却迟迟没有向他敞开,直到人过中年之后,他才获得了从政的机会。

孔子由于对鲁国大夫季氏专权感到不满,于是逃到齐国,曾一度得到齐景公的垂青。齐景公问他治国之道,孔子答:"君君,臣臣,父父,子子。"也就是说,君臣父子都应该按照传统的礼制和道德规范行事,不可越轨。然而孔子的才华遭到齐国大臣的忌妒,不但大臣晏婴不赞同他的政治主张,而且其他大臣甚至想谋害他。孔子得不到齐景公的重用,只好告辞了,就回到了鲁国。

而在公元前502年,孔子由于拒绝叛臣阳虎的拉拢,取得了国君鲁定公和执政大臣季恒子的信任。第二年,51岁的孔子被任命为"中都宰"——中都地方的长官。他干得很出色,一年之后,被提升为"司空"——主管建筑与道路等事务的长官;不久又升为"司寇"——掌管司法的长官,兼理外交事务。

公元前500年,齐鲁两国在夹谷会盟。在举行会盟仪式时,齐国妄图侮辱鲁国,奏起了边疆地区的音乐,还让侏儒和小丑上台耍笑逗乐。孔子识破了齐国的险恶用心,义正词严地用当时通行的礼法责备对方,并把小丑和侏儒处以腰斩的酷刑,保全了鲁国的尊严,使齐国的阴谋没有得逞。这次外交胜利不但提高了鲁国的地位,而且孔子的政治声誉也因此而鹊起。

孔子参政以后,便建议打击割据势力,从而使鲁国的政治大有起色,这可吓坏了邻国齐国。齐国怕鲁国重用孔子后国力强大难以控制,于是想方设法搞破坏。他们知道鲁定公和季恒子都是好色之徒,便使用美人计,给鲁国送来了80名美女,30辆华丽的马车,从那以后,鲁定公和季恒子便沉湎于酒色,再也不过问政事了。

孔子感到自己不能继续施展政治抱负,于是便辞职离开了鲁国,开始周游列国。

四、周游列国

孔子离开鲁国后,在外漂泊了14年,先后到过卫、匡、蒲、曹、宋、郑、陈、蔡、晋、楚的边境,并反复进出卫国。

卫国是孔子周游列国的第一个国家。卫灵公开始很尊重他,按照孔子在鲁国的俸禄标准发给他粟六万斗,但并没给他什么官职,也没让他参与政事。孔子在卫国住了约十个月之后,因有人在卫灵公面前进谗言,卫灵公对孔子起了疑心,派人公开监视孔子的行动,于是孔子带弟子离开卫国,打算去陈国。

孔子一行路过匡城时,因为被误认为是曾经骚扰过匡地的阳虎一伙,被人围困了五日。一场虚惊过后,孔子离开匡邑,想去晋国。刚到了蒲地，又碰上卫国贵族公叔氏叛乱，再次被围。逃脱之后，孔子又返回了卫国，卫灵公听说孔子师徒从蒲地返回，非常高兴，亲自出城迎接。孔子此后在卫国住了两年。

但年迈的卫灵公此时对于治理国家并不起劲，虽然尊敬孔子，却无意让他参政，只是偶尔让夫人召见他。孔子对此很失望，感到久居无益，两年后就又离开了卫国。

这次，孔子一行辗转经过曹国、宋国、郑国，来到陈国，在陈国住了3年。吴国攻打陈国，弱小的陈国无力自保，局势危险，孔子只好带着弟子离开陈国。

在经过陈、蔡两国交界处时，正赶上吴、楚两国交兵，孔子师徒又被乱军包围，可孔子还每天坚持教学，照样谈笑风生。他教育弟子："君子固穷，小人穷斯滥矣！"意思是说，君子即使处于贫困的境地，也不会改变操守，要是小人遭遇此事，就要越轨胡来了。另外，他还派口才出众的子贡去同楚军交涉，终于在楚军保护下，死里逃生。

楚昭王想重用孔子，但遭到满朝文武大臣的极力反对。国相子西认为，孔子有实现周公事业的想法，如果给他封官加地，再加上贤能弟子的辅佐，将会对楚国构成威胁。楚昭王就此打消了念头。孔子只得离开楚国，回头北返。

最后孔子又回到卫国。这一次，他在卫国住的时间比较长。虽然他本人因不满蒯聩与卫出公二人不遵父子之道，拒绝当官，但他的弟子则有的在卫国身居高位，有的则回鲁国做了大官。年迈的孔子身居异乡，越来越想念自己的家园。在卫国居住5年之后，他终于回到阔别14年之久的鲁国。

五、著书立说

孔子晚年能顺利归鲁，得益于他的弟子们。

鲁哀公七年，吴与鲁在于鄩会盟，鲁国被迫进献厚礼，吴国还要求鲁国的执政大臣季康子去朝见,幸亏子贡从中交涉,才免受羞辱。第二年,吴国攻打鲁国,鲁国又是以有苦为首的七百勇士誓死抵抗,才打退吴兵。鲁哀公十一年,冉求率领"季氏之甲"击退齐军,立了战功,深得季康子赏识。冉求极力向季康子推荐孔子。季康子便派人带了重礼迎孔子回国。

孔子回鲁以后,鲁哀公和季康子以"国老"之礼相待,并向他求教治国之道。但季康子的施政方法却与孔子的政治思想完全不同。季康子对鲁国盗贼众多表示担忧,向孔子求教如何治"盗",孔子却说:"如果你自己没有贪欲,那么即使给予奖赏也不会去偷盗。"这实际是讽刺季康子的穷奢极欲。

鲁哀公十四年,齐国发生了一件大事,国相田常杀死了齐国君王简公。以下犯上,以臣弑君,这是孔子最不能容忍的大逆不道之举。于是他便拜见了鲁哀公,请求出兵伐齐。但鲁哀公却回答说:"齐强鲁弱,怎么能去讨伐呢?"让他去找执政的季康子商量。

但是季氏由于在政治见解上与孔子不和,又经常受到孔子的批评和讽刺,当然不会理睬孔子。

孔子由于一再在仕途上遭受冷遇,所以在晚年便把全部精力用在文化教育事业上,努力搜集和整理古代文献,作为教授弟子的课本。

孔子时期,周室衰微,礼乐败坏,《诗》、《书》等典籍残缺不全。孔子追溯夏、商、周三代的礼仪制度,重新编成《书传》,上起唐尧、虞舜之时,下至秦穆公时期,按历史顺序排列史事。考察了夏、殷以来礼制增减的情况后,孔子说:"从此之后,即使过了百代,礼制的增减情况都可以把握,不外乎是文采和质朴的交替变化。周朝借鉴夏、殷两朝的礼制而确定自己的礼仪制度,真是丰富多彩啊。我遵从周朝的礼制。"《书传》、《礼记》都是孔子编订的。

古代留传下来的《诗》有上千篇,孔子删去重复的部分,选取可以用于礼仪教化的篇章,共305篇,所以《诗经》又称"诗三百"。孔子将这些诗全部配乐,礼乐制度从此才得以称述,六艺齐全。在编著《诗》时,孔子阐述了他的文学观念："《诗》三百,一言以蔽之,曰:思无邪。"这既符合当时统治阶级的正统思想,又规定了中国整个封建社会的文学创作方向,此外,他还提出"兴、观、群、怨"的诗学理论,阐释了文学的社会功能,对后世具有很大的启发作用。

孔子晚年喜好《易》经,反复研读,以至于"韦编三绝",就是把串竹简的皮绳都磨断了三次。作为《易》的组成部分的"十翼",即解释经文的传文,据说就与孔子有关。

《春秋》本是鲁国的编年史,孔子对其进行订正。

据说在写作《春秋》时,孔子该写就写,该删就删,连子夏等人都不能插嘴。孔子说:"后世人知道我孔丘是因为《春秋》,而怪罪我孔丘也是因为《春秋》。"在先秦时代所有的学派和学者当中,孔子在保存、整理古代文献方面,作出的贡献最大。他对保存中华民族的古代文化遗产,具有不朽的功绩。这些文献,如《诗》、《书》、《礼》、《乐》,后来都被孔子作为教学内容传授给弟子们。

然而厄运并没有放过他。孔子 69 岁那年,他的独生子孔鲤死了,老来丧子,乃是一大哀事。次年,孔子最喜爱的弟子颜渊也死了,孔子悲痛不已。再下一年,在卫国当官的子路在宫廷斗争中被株连,惨死于卫国政变。

独子和两个心爱的弟子相继死去,使孔子在感情上遭到重大打击,他在子路遇害的次年,就在悲痛中病倒了,从此一病不起。

一天,他强撑着,拄着拐杖到户外散心,正好子贡来看望他。孔子深情地说:"赐,你怎么来得这么晚啊?"接着又叹息着唱道:"泰山就要崩塌了!梁柱就要折断了!哲人就要凋谢了!"一边唱一边潸然泪下。接着,他又对子贡说:"天下失去常道已经很久了,没有人能遵循我的主张。夏人死后棺木停放在东面的台阶,周人死后棺木停放在西面的台阶,殷人死后棺木停放在厅堂的两柱之间。昨天傍晚,我梦到自己坐在两柱之间受人祭奠,我本来就是殷人啊。"七天后,孔子与世长辞。

孔子终年 73 岁,于鲁哀公十六年(公元前 479 年)四月己丑日去世。孔子逝世后,鲁哀公致以表示哀悼的诔词,然而这些身后荣辱对孔子又有何意义?

六、身后荣誉

孔子无论生前死后,其崇拜者都不计其数。他的弟子子贡将他比成不可逾越的日月。儒家后学荀子更将他与古代的"三王"并称。

孔子逝世后,鲁哀公将孔子故居改建为庙,收藏孔子生前用过的衣冠、琴、车和书简等。相传鲁国每年按时到孔子墓地供奉祭祀,儒生们也在孔子墓地讲习礼仪,举行乡饮、大射等仪式。

除去焚书坑儒的秦朝,孔子在整个封建社会都备受推崇。尤其是到了汉朝,汉武帝"罢黜百家,独尊儒术",以《五经》立于学官,儒家思想成了钦定的正统思想,作为儒家学派创始人的孔子的地位远远超过诸子,甚至被尊为"素王"。西汉史学家司马迁评价孔子时说:"天下的君王乃至贤人实在太多了,活着的时候都很荣耀显赫,一旦死去就消失得无影无踪了。而孔子只是个平民,可他的名声和学说却流传了十几代,学者们仍然推崇他为宗师。从天子到诸侯,凡是讲论六经道艺的人,都把孔子的学说当作是判断和衡量的最高准则,孔子可以说是至高无上的圣人了!"

鲁 班

鲁班,姬姓,公输氏,名般,又称公输盘、鲁般。因是鲁国（今山东曲阜）人,"般"和"班"同音,古时通用,故人们常称他为鲁班。

鲁班是春秋末期鲁国的一名木工,他发明了多种工具器械,对于减轻人们的劳动强度,提高生产效率,推动生产力的发展起到了巨大作用。

一、热爱劳动

鲁班出生在鲁国一个世代以工匠为生的家庭里。在家庭环境的影响和熏陶下,他从小就喜欢上机械制造、手工工艺、土木建筑等古代工匠所从事的劳动。小时候他跟随家人参加过许多土木建筑工程劳动,在劳动中,他虚心向有经验的老师傅和家人请教,学习他们的先进技术和经验,并悉心观察他们在各项劳动中高超的操作技巧。经过长期的生产实践和不懈地努力,鲁班逐渐掌握了古代工匠做活时所需的多方面技能,积累了非常丰富的实践经验,成为当时有名的能工巧匠。

二、善于动脑

鲁班不仅是一位优秀的手工业工匠,还是一位杰出的发明家。相传他在机械、木工工具、土木建筑等方面有多项创造发明,留下了许多动人的故事。两千多年以来,他一直被土木工匠们视为"祖师",受到后人的崇敬。

传说有一年,鲁班接受了一项很艰巨的任务——建筑一座大宫殿。这需要很多木料,但是工程期限很紧。鲁班的徒弟们每天都上山砍伐木材,当时还没有锯子,只有用斧子砍,效率实在是太低了,而且徒弟们每天累得精疲力竭,木料还是远远不够,耽误了工程的进度。那个年代,完成不了任务是要受重罚的,鲁班心里非常着急,就亲自上山察看。上山的时候,他抓住一丛草往上爬,手一下子就被草叶给划破了。鲁班很奇怪,小小的一根草为什么这样锋利?他把草叶折下来仔细观察,发现草叶两边都长有许多小细齿,他的手就是被这些小齿划破的。既然小草的齿可以划破我的手,那带有很多小齿的铁条应该可以锯断大树吧。于是,他把这个想法告诉金属工匠,世界上的第一把锯——一个带有许多小齿的铁条便出现了。他用这把简陋的锯去锯树,果然既快又省力。

三、不断创新

鲁班长期从事木工活实践,需要经常与木头打交道,他发现了许多可以进行技术改进的地方。在鲁班之前,怎样使木板既平整又光滑这个问题并没有得到很好的解决,影响了木工技艺的进一步提高。鲁班根据工作需要,经过反复试验,发明了刨子,对提高木工技艺很有帮助。据说,鲁班在用刨子刨木料的时候,最初必须有人压住木料以便操作,他的妻子就常干这活。后来,鲁班在工作台上做了一个用来顶住木料使之固定的卡口,以代替妻子的工作,故这个卡口得名"班妻"。其他木工工具如钻(打孔的器具)、铲、凿子、墨斗和曲尺等,传说都是鲁班发明的。其中曲尺被后人称为鲁班尺,是木工用以求直角的工具,至今仍为木匠所使用。墨斗是用来画线的。最初鲁班画线的时候,他的母亲总要帮着拉住墨线头,后来鲁班经过改进,在墨线头上拴上一个小钩,放线的时候,用小钩钩住木料的一端,就可以代替用手拉线的工作,节约了一个人,后世的木工们就把这个小钩取名为"鲁母"。

"鲁母"、"班妻"是聪明的鲁班在实践的过程中发明的。

鲁班还是一个很高明的机械发明家。他制造的锁,机关设在里面,外面不露痕迹,必须借助配合好的钥匙才能打开。《墨子》一书中有这样的记载:"公输子削竹木以为鹊,成而飞之,三日不下"就是说鲁班制作的木鸟,能乘风力飞上高空,三天不降落。这可以认为是原始航空科学的先头兵。鲁班还改进过车辆的构造,制成了机动的木车马。这种木车马由木人驾御,装有机关,能够自动行走。后世不少科技发明家,如三国时期的马钧和诸葛亮、晋朝的区纯、北齐的灵昭、唐朝的马待封等,都受这个传说的影响,相继朝这个方向发展过。

　　鲁班是我国古代最优秀的土木建筑工匠,2400多年来,他一直被土木工匠尊奉为"祖师",受到人们的尊敬和纪念。鲁班的名字实际上已经成为中国古代劳动人民勤劳智慧的象征。

孙　武

军事上有一句流传千古的名言：知彼知己，百战不殆。这句话出自中国古代的大军事家孙武之口，记载在他所著的《孙子兵法》一书中。孙武，字长卿，又被尊为孙子或孙武子。

他出生于春秋后期的齐国，是中国古代著名的军事家，被尊为"兵家之祖"。孙武著有《孙子兵法》一书，共十三篇，流传至今。

一、贵族之后

孙武的祖先叫妫满，被周朝天子册封为陈国国君（陈国在今河南东部和安徽的一部分，建都宛丘，今河南淮阳）。公元前705年，陈国的国君陈厉公喜得一子，取名完，公子完就是孙武的直系远祖。

陈国发生内乱之后公子完便携家带口，逃到齐国。齐桓公了解到公子完年轻有为，便任命他为负责管理百工之事的工正。公子完在齐国定居以后，由姓妫改姓田，因此他又被称为田完。田氏在齐国兴旺发达，一百多年后，田氏家族成为齐国国内后起的一大家族，地位越来越显赫，在齐国的领地也越来越大。到了田完的五世孙田书，他很有军事才干，就做了齐国的大夫，因领兵伐莒（今山东莒县）有功，齐景公在乐安赐给他一块地，并赐姓孙。因此，田书又被称为孙书。孙书的儿子孙冯，做了齐国的卿，成为齐国君主以下的最高一级官员。孙冯就是孙武的父亲。

贵族家庭的出身，为孙武提供了优越的学习环境。他阅读了古代的大量军事典籍，加上当时战乱，兼并激烈，他的祖父、父亲都是善于带兵作战的将领，他从小也耳闻目睹了一些战争，这对少年孙武产生了深远的影响。他喜爱兵法，渴望探求战争中的制胜之道，以备将来带兵沙场，能干出一番惊天动地的事业来。然而孙武当时处在齐国内部矛盾重重、危机四伏的时刻。齐景公刚上台的时候，左相庆封灭掉了右相崔杼。可是没过多久，田、鲍、栾、高四大家族联合起来，又赶跑了庆封。内乱愈演愈烈，齐国王室同四大家族之间以及四大家族内部之间为争权夺利，进行着激烈的斗争。

孙武对这种现状极为反感，他不想让自己身陷其中，因而萌发了远走他乡、另谋生路去施展自己才华的念头。而当时南方的吴国（今江苏大部和安徽、浙江的一部分），东邻大海，西靠楚国，南接越国，北面与齐、晋相望，地理位置非常重要。吴国自寿梦称王以来，联晋伐楚，国势强盛，很有新气象。于是孙武认定吴国是他施展才华的地方。大约在齐景公三十一年(公元前517年)左右,正值青春年少的孙武毅然告别齐国,长途跋涉,投奔吴国而去。孙武一生成就都是在吴国实现的,死后也葬在了吴国,因此《吴越春秋·阖闾内传》就把孙武称为"吴人"。

二、演练女兵

孙武来到吴国以后,并没有急于追求功名,而是在吴都郊外隐居下来。他一方面过着田园式的生活,浇菜种地;一方面潜心研究兵法,著书立说,寻求发展的机会。

一次偶然的机会,他结识了从楚国而来的伍子胥。伍子胥原是楚国的名臣,因父亲和兄长被楚平王杀害而逃到吴国,一心想借吴国的力量讨伐楚国,替父报仇。他在吴王僚的叔伯兄弟公子光门下做宾客,可是伍子胥无意卷入王室的内部斗争,于是在给公子光推荐了一名叫专诸的勇士后,也到吴都郊外隐居起来。孙武和伍子胥结识以后,谈得十分投机,于是结为密友。这时吴国的局势也处在动荡之中,两人便深居简出,等待时机谋求发展。

公元前515年,公子光利用吴国伐楚、国内空虚的机会,假意邀请吴王僚参加宴会。在宴会上,公子光以专诸为刺客,击杀了吴王僚,然后自立为王,称阖闾。阖闾掌握政权之后,为了保住自己的王位,称霸天下,就勤于政务,体恤民情,也不近女色,训练军队,因而深得民心。他还注意探求人才,礼贤下士,首先任命伍子胥做了行人。阖闾非常器重伍子胥的内政外交才干,经常同他商议国家大事。

公元前512年,吴国国内繁荣昌盛,雄心勃勃的吴王阖闾想西征楚国。伍子胥向阖闾提出,这样的长途远征,一定要有一位精通韬略的军事家指挥,才能够取胜。因此,他向吴王推荐了还在隐居著书的孙武,称赞孙武是个文能安邦、武能定国的盖世奇才。可是孙武一直隐居著书,默默无闻,吴王连孙武这个名字都没听说过,又怎么能够相信孙武的才能呢?尽管伍子胥费尽口舌,吴王仍然无动于衷。伍子胥见光凭口说打动不了吴王，便将孙武写的兵书拿来，呈给吴王看。

吴王看罢孙武所著的兵书，连连称好，让伍子胥快快把孙武找来。孙武见到吴王以后，吴王阖闾对孙武说："你的兵书寡人已经逐篇拜读完，实在是耳目一新，但不知实行起来如何，可否用它小试一下，让寡人见识见识？"

孙武回答说："可以。"吴王又问道："你打算用什么样的人去演练？"孙武答："随君王的意愿，用什么样的人都可以。不管是高贵的还是低贱的，也不论是男是女，都可以。"

吴王想给孙武出个难题，便要求用宫女来演练。孙武也同样答应了。于是吴王下令将宫中美女180名召到宫后的练兵场，交给孙武去演练。孙武将这180名宫女分为左右两队，分别指定了吴王两位最受宠爱的美姬为左右队长，让她们带领宫女进行演练，同时指派自己的驾车人和陪乘担任军吏，负责执行军法。

分队已定，孙武站在指挥台上，认真宣讲操练要领。然后他问道："你们知道自己前心、后背和左右手的方向吗？向前，就是目视前方；向左，视左手；向右，视右手；向后，视后背。一切行动，都以鼓声为准，你们都听明白了吗？"宫女们回答："听明白了。"

安排完毕，孙武便击鼓发令。然而这些从未经过训练的宫女却掩口嬉笑，根本不去认真辨别前后左右。孙武说："约束没有让大家明白，号令没有能够让大家熟悉，责任应该由将帅来负责。"话毕孙武再次击鼓发令。尽管孙武再三说明，宫女们口中应答，内心却感到新奇好玩，她们不听命令，捧腹大笑，顿时队形大乱。孙武变了脸色，说道："申令不熟，罪在将帅；现在已经再三说明，仍然不服从，罪在吏士，传我命令，将左右队长斩首。"

吴王见孙武要杀掉自己的爱姬，马上派人传命说："寡人已经知道将军善于用兵了。没有这两个美人伺候，寡人吃饭也没胃口，请将军赦免她们吧！"孙武严肃地说："将在军中，君命有所不受。"当即把两个队长斩首示众,另派两名宫女为队长,继续练兵。当孙武再次击鼓发令时,宫女们再也不敢怠慢,前后左右,进退回旋,全都合乎规矩,阵形十分整齐。

孙武传人请吴王阖闾检阅,因为爱姬被杀,吴王心中不悦,便托辞不来,孙武便亲见吴王。

他说:"令行禁止,赏罚分明,这是兵家的常法,为将治军的通则。对士卒一定要威严,只有这样,他们才会听从号令,打仗才能克敌制胜。"

听了孙武的解释,吴王阖闾怒气渐散,遂拜孙武为大将。

三、西征强楚

孙武受命为大将以后,加紧训练吴国军队。在孙武的严格训练下,吴国军士的军事素质有了明显的提高。就在公元前512年,吴王阖闾、伍子胥和孙武,指挥吴军攻克了楚的属国钟吾国(今江苏宿迁东北)、舒国(今安徽庐江县西)。这时吴王阖闾想长驱直入攻克楚都郢(今湖北江陵县纪南城)。孙武认为这样不妥,便劝吴王阖闾:"楚军是天下的一支强敌,非舒国和钟吾国能比的。我军已连灭二国,人困马乏,军资耗费严重,不如暂且收兵,回师养精蓄锐,等待更好的机会。"吴王听从了孙武的劝告,下令回师。伍子胥也完全同意孙武的主张,并向吴王献策说:"我军人疲马乏,不宜远征。但是,我们可以设法使楚人疲困。"于是伍子胥和孙武共同商定了一套扰楚的计策,即派出三队人马,轮番袭扰楚国。当吴国的第一支军队袭击楚境的时候,楚国见来势不小,便全力派兵迎击。然而楚军出动以后,吴军却主动撤了回去,结果楚军扑了空,白跑一趟。可是楚军刚返回,吴国的第二支军队又攻入了楚境。如此轮番袭扰,弄得楚国疲于应付,耗资严重。这样,吴国扰楚的计策大为奏效,楚国劳师伤财,属国纷纷叛离,已经处在十分不利的形势之下。公元前506年,吴国征伐楚国的机会终于来临了。这年夏天,晋国支持蔡国灭掉了楚国的属国沈国,于是楚国发兵攻打蔡国,为沈国报仇。备受楚国侵凌的蔡国和唐国主动与吴国通好,希望联合吴国共同攻打楚国。于是在这年冬天,吴王阖闾御驾亲征,以孙武、伍子胥等人为大将,率三万精兵,并联合唐蔡两国,乘坐战船,溯淮而上,直趋蔡国与楚国交战。楚军见势不妙,就放弃了对蔡国的围攻,收缩部队,调集主力,率领 20 万大军以汉水为界,加紧设防,抵抗吴军的进攻。不料孙武突然改变了沿淮河进军的路线,放弃战船,改从陆路进攻,直插楚国腹地。

伍子胥问孙武:"吴军习于水性,善于水战,为何改从陆路进攻?"孙武告诉他:"兵贵神速,应该走别人想不到的路,这样才能给敌人措手不及。逆水而上,行动迟缓,楚军必然加强防备,那样我们就很难破敌了。"伍子胥听了连连点头称是。就这样,孙武在三万大军中精选三千士兵为前阵,身披坚甲,手执利器,接连大败楚军。吴军在五战五捷之后,终于在旧历十一月二十八日攻占楚国都城郢。楚昭王见大势已去,带着妹妹仓皇出逃。

在这场吴楚大战中,孙武指挥吴国 3 万军队攻打楚国 20 万大军,五战克郢,获得全胜,创造了以少胜多的战例。这是孙武军事生涯中最辉煌的一次。

四、南征北战

孙武在帮助阖闾西破强楚的同时,已经开始计划征服越国。越国是吴国南边的一个侯国,建都会稽,也就是今天的绍兴。它虽与吴国相邻,但素来不和。吴王阖闾既然要称霸天下,就必须征服越国。

公元前 496 年,吴王阖闾听说越王允常去世,新即位的越王勾践年轻稚弱,越国国内不太稳定,认为机会已到,便不听孙武等人的劝告,不等准备工作全部做好,就仓猝出兵,想要一举击败越国。不曾料想,越王勾践整顿队伍,主动出击迎战,两军相遇于吴越边境。勾践巧施计策,把死刑犯从军队中拉出,组成一队人马先行出阵,排成三行,把剑架在脖子上,一个个慷慨陈词后自刭于阵前。吴军士兵不知眼前的越兵都是死刑犯,看到这种情况都吓呆了,居然忘记了两军正在对阵,身处险境。结果越军趁机发动进攻，吴军丢盔弃甲，仓皇败退，阖闾也受重伤身亡。吴王阖闾死于伐越之战后，其子夫差即位，这就是吴王夫差。孙武和伍子胥整顿军备，加紧练兵，以辅佐吴王夫差完成报仇雪耻的大业，征服越国。

公元前494年春天，勾践调集军队从水路出发，进攻吴国。吴王夫差率10万精兵迎战于夫椒（今江苏吴县西南太湖边）。在孙武、伍子胥的精心策划下，吴军在晚间布置了许多诈兵，分成两队，高举火把，黑暗中火光连成一片，喊声震天，迅速向越军阵地移动。越军见状，不了解情况，惊恐万分，军心发生了动摇。吴国大军乘势发动进攻，结果越军大败。勾践带着5000甲兵仓皇逃窜，最后躲进会稽上的一个小城中坚守不出。但是吴军将小城团团包围，死死围困，最后越王勾践水断粮绝，被逼出城投降，屈辱求和。吴王夫差不听孙武、伍子胥等人的劝阻，接受了越王勾践的求和要求，为自己留下了后患。

吴国的争霸活动在南方地区取得胜利后，便向北方的中原地区进逼，不久便征服了晋、鲁等国。于是在诸侯会盟上，吴王夫差以强大的军事力量为后盾，取得了霸主地位，吴国的强盛已达到了顶峰。

吴国在军事上的辉煌，是同杰出的军事家孙武分不开的。西汉伟大的史学家司马迁在总结孙武一生的时候，写下了这样的话：阖闾知道孙武能用兵，最终任他为将。吴国向西击破强大的楚国，占领了楚国的郢都；向北威震齐国、晋国，使吴国在诸侯中名声大振，孙子是有很大功劳的。吴国任用孙武为将，申明军法，严肃赏罚，军威大振，终于称霸诸侯。

五、兵书传世

随着吴国霸业的完成，吴王夫差渐渐骄奢淫逸起来，安于享乐，不思进取。老臣伍子胥多次对其进行劝谏，吴王夫差不但不听，反而嫌伍子胥待在身边，碍手碍脚，于是找借口逼迫伍子胥自杀了。伍子胥的惨死令孙武触目惊心，于是悄然归隐，根据自己多年在战争中积累起来的经验，重新修订以前写的兵法，成书十三篇，这就是流传至今的《孙子兵法》。

过去人们曾对《孙子兵法》是否为孙武所著存在疑问,1972年在山东临沂银雀山发掘的两座汉代墓葬中同时发现了用竹简写成的《孙子兵法》和《孙膑兵法》,最终证明《孙子兵法》为孙武所著。这短短的十三篇五千余字的兵书,体现了孙武完整的军事思想体系,确立了他在春秋末期思想界中与孔子和老子并列的地位。

在这部兵书中,孙武提出了许多重要的命题,如"知彼知己,百战不殆"的名言,至今仍为大家经常引用。他认为,在战争中如果对敌人不了解,也对自己不熟悉,那么只能打败仗;相反,如果在战争中知晓敌我双方的情况,那么就能立于不败之地。孙武的这个论断,成了千百年来许多军事家的座右铭。毛泽东对于这个论断给予了高度的评价,他说:"孙子的'知彼知己,百战不殆',乃是科学的真理。"

此外,孙武还强调战略战术的灵活运用。他说:"作战没有固定的方式,就像水没有固定的形态一样。能根据敌情变化而取胜的,就是用兵如神。"

孙武的军事理论深深影响了后世,被古今中外的军事家一致尊为"兵家之祖"。而后来战国时代的吴起、孙膑、尉缭等众多的军事家都非常推崇孙武。包括三国时代的著名政治家、军事家曹操也盛赞孙武的《孙子兵法》,并亲自整理了前人对《孙子兵法》的研究,作出了简明的"略解",为后人学习并运用《孙子兵法》提供了方便。北宋神宗时候,《孙子兵法》被列为《五经七书》之首。到了当今时代更是兴起了研究《孙子兵法》的热潮。

《孙子兵法》不仅在国内影响巨大,在国际上也享有盛誉。大约在公元7世纪,《孙子兵法》首先东传到日本,接着又传到朝鲜。18世纪以后,《孙子兵法》先后被译成英、法、德、俄、捷等多国文字,国际上认为它是"世界古代第一部兵书"。进入21世纪的今天,《孙子兵法》在英美等国家竟然出现了热销的局面。据2002年美国《洛杉矶时报》的一篇文章报道,出版《孙子兵法》英译本的牛津大学出版社美国发言人说,该书一直名列畅销书龙虎榜。

随着时代的进步,近现代战争使用了许多新式的武器,战争的方式和条件已经与古代大不相同。但是,《孙子兵法》所论述的战争的基本原则却并没有因为时代的发展而过时,所以它仍然受到军事家的普遍推崇,美国著名的西点军校就将《孙子兵法》列为必读教材之一。

据说,在日本的一些大公司中,高层管理人员必须熟读《孙子兵法》,他们认为这是一部"商战圣经",是任何人都必须学习的一本书。美国的小说家詹姆斯·克拉维尔在为美国出版的《孙子兵法》所作的序言中有这样一段热情洋溢的话:"所有的现役军官,所有的政治家和政府工作人员,所有的高中和大学学生,都要把《孙子兵法》作为必读教材。"现在《孙子兵法》不仅在军事领域,而且在政治、经济和体育等方面,也都受到了人们的关注和重视。

屈　原

屈　原，名平，战国时期的楚国诗人、政治家，"楚辞"的创立者。他是中国古代第一位最伟大的爱国诗人。他的《离骚》、《九歌》、《天问》等诗篇，开创了楚辞新体，奠定了中国古代文学发展的积极浪漫主义的艺术传统；他洁身自好的人格和爱国忧民的情怀，同其作品一样光耀千古。

一、不凡少年

屈原,名平,字原,自幼酷爱读书,加上天资聪颖,过目成诵,所以十来岁时已经学富五车,见识过人,是远近闻名的神童。父亲伯庸倾心于儒家学说,所以他要求屈原熟读《易经》和孔子、孟子所著的书。屈原虽也爱读儒家著作,但他还涉猎诸子百家。尤其喜欢读《庄子》和孙武、孙膑等人的兵家著作,就连楚地的民歌他也爱读。屈原白天读书,晚上还要和邻近的小伙伴一起习武,常年不辍。

可是,这个读书知礼的少年竟做了一件偷粮食的事。原来,秭归有一块像米仓一样的巨石,巨石下面有一个豁口,人们管它叫米仓口。老人说,这个米仓口原来可以流出米来,这些米只可解燃眉之急,不可取走。后来一个贪心的人把米仓口凿大了点,弄了好多米回去,到家一看,米全变成了沙子,从此这米仓口就再也没有米流出来了。

一次,屈原到这里来玩耍,看到米仓口里不时地往外流着沙子,心想要是真能流出白米,穷人不就可以避免饥肠辘辘之苦吗?思来想去,他有了主意……几天之后,有人忽然发现米仓口又流白米了,就在这时,父亲伯庸发现自家米仓内堆积的米缺了一小角儿,觉得有点蹊跷,便在夜里暗中到米仓里去察看。当他发现偷米的人竟然是自己的儿子时,他心潮激荡,教育屈原要立下大志,好好读书,将来担当大任,救民于水火之中。

屈原深受父亲教诲,更加发愤读书。这时,他的家乡经常受到小股秦兵的骚扰,百姓不堪其苦。屈原便将附近的青年组织起来,编成一支"平寇队",日日操练。在一个元宵节的晚上,他率"平寇队"智退秦兵。此事使屈原声名远播,于是他被推荐到京都郢城宗塾里去读书。在学习期间,屈原刻苦认真,孜孜不倦,很快成为一位百科全书式的人物。

二、屡遭流放

屈原年轻时,家道已萧条冷落,和楚王的亲属关系也已经比较疏远。但他毕竟跟楚王同姓,加上才华横溢,又有良好的口才,因而有条件在楚王左右侍奉。后来,屈原由文学侍臣擢升为左徒,从而开始了他的文学生涯。

屈原熟悉历史,明察现状,深知拥有着悠久而灿烂的文化、广袤而富饶的土地的楚国有统一天下的条件,并早已立下了帮助楚怀王实现统一的宏愿。为了实现理想,他向楚怀王提出,外交上楚国必须联齐抗秦,采取"合纵"政策,即首先与齐国结军事联盟,然后再与赵、魏、燕、韩四国联合起来,共同抗击强秦。楚怀王觉得屈原的分析很有道理,便采纳了这一建议,结果使楚国的地位迅速提高。楚怀王很高兴,对屈原更为信任和器重,便对屈原委以重任,让他在内政方面进行改革。

屈原年轻得志,平步青云。他踌躇满志,自信有楚怀王的支持,定能继承祖业,确立法制,把国家治理得井井有条,使楚国蒸蒸日上,富强起来。他一心为内政改革而日夜操劳,但他没想到一场灾难即将降临到他头上。他不知道,他的才干、他治国理民的卓越成绩,虽受楚怀王的信任,却也引起了怀王周围的腐败贵戚和宠臣的嫉妒;同时他制定贯彻的宪令,虽有利于强国富民,却限制了那些腐败贵族的特权,触犯了他们的利益,引起了他们的不满和仇恨。楚国有权有势的王族、贵戚、幸臣中嫉妒、仇恨屈原的人形成了反对屈原的包围圈,他们勾朋结党,暗中密谋,处处找茬陷害屈原。有一次,怀王命屈原秘密草拟法令,稿子尚未写完,一个上官大夫想夺过来看,遭到屈原拒绝。这位怀恨在心的上官大夫跑到怀王面前搬弄是非,诬告屈原不守机密,说外面所有的人都知道此事,正在议论纷纷呢!还说屈原自夸功劳,说离了他屈原,法令是没人能提出来的。楚怀王听信谗言,从此开始厌恶、疏远屈原。

公元前304年,秦以割让600里土地为诱饵,诱惑楚国与齐国断绝关系。当秦后来指着地图赖账，说当初讲的是 6 里而不是 600 里时，楚怀王得知上当，一怒之下发兵攻秦，由于齐国不愿支援楚国，楚国连吃败仗，楚王这才后悔放弃屈原的"合纵"政策，便重新起用屈原，并恢复与齐国的外交关系。秦国灭楚之心一直不死，虽不敢公然发动侵略战争，暗中却经常用贿赂手段拉拢楚怀王的宠姬郑袖和宠臣子兰，楚怀王终于在他们的怂恿下，娶秦国美女，建立姻亲关系。此时，屈原极力反对，却遭怀王的免职。秦国进一步邀请楚怀王去秦国会盟，屈原看透了秦国的欺诈阴谋，对楚怀王极力劝阻，怀王不但不听，反而把屈原流放到汉北。

而楚怀王去秦国会盟之后，秦王便断了他的后路，并把他软禁起来，逼他割让国土，楚怀王再也无法返回楚国，终于因忧愤致病去世。怀王的儿子楚襄王继位后，屈原也从流放中被召回。由于楚怀王入秦是子兰怂恿去的，屈原也为此议论了子兰的这个错误，这也引起了子兰对屈原的仇恨。子兰唆使上官大夫等人在楚襄王面前说屈原的坏话，楚襄王听信了群臣的谗言。于是，屈原再次遭遇流放。

三、创作抒怀

屈原被流放后，心中十分忧伤，于是创作了《离骚》、《九章》、《九歌》、《招魂》、《天问》等诸多作品，以表达自己坚持正义，虽遭打击但不动摇的坚定信念。其中，屈原最重要的代表作《离骚》，是在楚国民间歌谣的基础上创制的一种新诗体，具有浓厚的浪漫主义色彩，极富艺术感染力。文中屈原通过"反复"这一形式来表述自己的心迹：绝不放弃自己的理想而妥协从俗，宁死也不肯改变自己

屈子祠位于湖南汨罗市。

的人格,从而塑造出一个崇高的诗人的形象。后世常常将"风"、"骚"并称,"风"是指《诗经》中的《国风》,而"骚"就是指《离骚》,从而赞誉了《离骚》的艺术成就。

四、愤恨投江

公元前278年,秦国大将白起攻破了楚国郢都。屈原无比悲愤,就在农历五月初五写了《怀沙》一诗。写罢,怀抱一块大石头,跳进汨罗江中,以表白自己热爱祖国、热爱人民、抗秦到底的决心。后来,每年五月初五,人们以包粽子、赛龙舟的方式怀念屈原,并把这一天定为"端午节"。

秦始皇

秦始皇,姓嬴,名政,秦庄襄王之子,汉族(原称华夏族),出生于赵国首都邯郸(今河北省邯郸市),中国历史上第一个大一统王朝——秦王朝的开国皇帝。他生在正月,所以名字叫正,后来改为政,等到回到了秦国,才改成了国姓嬴。

秦始皇是一位杰出的政治家和军事家。他结束了春秋战国时期征战纷乱的局面,建立了中国历史上第一个统一的中央集权制的封建国家,成为载入中国史册的第一位皇帝。

一、少年成帝王

秦始皇名嬴政,出生于赵国的首都邯郸,是秦庄襄王子楚之子。他的父亲子楚被秦国派到赵国作人质时,很不得意,在商人吕不韦的帮助下,子楚被确立为秦安国君的嫡嗣。为了更好地笼络子楚,吕不韦还给子楚送去一个擅长歌舞的美女赵姬。后来,赵姬为子楚生下一子,这就是嬴政。

安国君即位后,子楚被立为太子,赵姬和嬴政回到了秦国。嬴政很快适应了宫廷生活,在吕不韦的教导下,开始攻读诗书。进修礼、乐、射、御、书、数等功课。

安国君死后子楚即位,即为秦庄襄王。继而,赵姬被立为赵太后,吕不韦当上了相国。子楚在位三年后便死去了。公元前 247 年,年仅 13 岁的嬴政登上了王位。因为年幼,政事落入了相国吕不韦和赵太后之手。

二、平定嫪毐、罢免吕相

公元前 239 年,嬴政已经 21 岁。按照秦国的礼制,一年后他就要举行加冠礼,亲自听政了。正在这个时候,发生了两件意外的大事:一件是吕不韦编纂《吕氏春秋》,公开反秦;另一件是吕不韦安插在太后身边的亲信嫪毐,阴谋政变。嬴政对这一切早有察觉,但他不动声色。

公元前 238 年 4 月,嬴政到故都雍城蕲年宫(今陕西凤翔县)举行加冠礼。嫪毐趁此机会偷了秦王的御玺和太后的玺印,在咸阳发动政变。在叛军正想向蕲年宫进发之际,早有戒备的嬴政很快就将嫪毐缉捕归案,对他处以车裂之刑,并灭其三族。

一年后,嬴政借称吕不韦和政变有关,罢免了他的相国职位。又过一年,嬴政派人给吕不韦送去绝命书,要将他赶到蜀地。吕不韦知道自己难免一死,便饮毒酒自杀了。自此,22 岁的嬴政开始亲理国家大事。

三、统一六国，治理天下

嬴政善于用人，并且能够把握时机。他即位后，采用李斯和尉缭的建议，运用"远交近攻"的策略，集中优势兵力，终于在公元前 230 年至前 221 年间，灭掉了六国，统一了全国。

嬴政统一全国后，便推行了一系列的改革措施，这对于中国政治、经济、文化的统一和发展起到了巨大的作用。

嬴政首先改变了历来的帝王称号，将皇和帝合在一起称"皇帝"。由于他是历史上第一个皇帝，便被称为秦始皇。秦始皇决定由皇帝来掌握全国的政权，用郡县制代替原来的分封制。他还推行重农抑商政策，扶植封建土地私有制。秦始皇以商鞅所制定的度量衡为标准，统一了全国的度量衡制度；将秦国时期的圆形方孔钱作为全国通用货币；为发展全国水陆交通，又实行"车同轨"。为加强文化交流，秦始皇还统一了文字。

除此之外，秦始皇还采取了一系列的措施来巩固集权统治。他下令将原来六国各自修建的长城连接起来，然后又派人修建抵御北方匈奴的长城；同时，修建官道，即驰道。此外，为根绝先前六国后裔的反叛行动，秦始皇将六国后裔贵族们连同富豪一起迁到咸阳，既便于监视，同时也利于都城经济的繁荣。

连绵起伏的万里长城是秦始皇用来抵御外族侵略的坚固屏障。

在军事上,秦始皇派兵出击匈奴,征服了南方的百越地区,使得秦朝的版图一再扩大。

秦始皇的统治得到巩固后,他便开始大兴土木,修建骊山陵墓、阿房宫等大型建筑,使人民不堪重负。而且为加强思想统治,他还制造了著名的"焚书坑儒"事件。尽管如此,秦始皇开创的专制主义中央集权制对于国家的统一和政权的巩固仍然起了重要的作用,奠定了中国封建统治的基础。

阿房宫

张 良

张良,字子和秀,颖川铖父（今安徽省亳县东南）人。本姓姬,出身韩国贵族,祖父张开地,历任韩昭侯、宣惠王、襄哀王三朝的相国。张良的父亲张平,是釐王、醒惠王两朝的相国。秦统一六国之后,张良辅佐刘邦亡秦、建汉、克楚,功不可没,被封为万户侯。

张良虽为文弱书生,也从未独自统兵打仗,但却熟读兵法,又擅长谋略,在中国历史上具有重要地位。

一、立誓灭秦

公元前 230 年，秦国灭掉韩国。张良的祖父、父亲都做过韩国宰相，张良因此与秦国结下深仇，发誓要杀掉秦始皇，消灭秦国。他曾顾不得厚葬弟弟，而用全部财产去求人刺杀嬴政，因此，历史上才上演过一场博浪沙袭击秦始皇的事件。

公元前 218 年的一天，一队秦军护卫着秦始皇的车辇，戒备森严地行进在阳武博浪沙（今河南省原阳县东南）的官道上。突然，从道旁跳出两个刺客，其中一人手持一百二十斤巨锤用力向一辆车辇砸去，随后便逃得不见踪影。铁锤误中了副车，秦始皇惊恐万分，立即下令捉拿刺客。接着又在全国搜捕十天，但都毫无结果。

事后，张良便逃到下邳（今江苏省邳县南）。一天，张良在下邳的一座桥上悠闲地散步，遇见一位褐服老者，他在张良面前把自己的鞋子扔到桥下，然后对张良说："小子，去给我捡回来。"张良先是一惊，感到很气愤，但念及老者年纪已大了，便忍气吞声地下去将鞋子拾回来，并屈膝给他穿上。老者穿上了鞋子大笑而去。张良更感到疑惑不解。老者没走多远，又回来对张良说："你真是一个可教之材，五天后天亮之时你在这儿等我。"张良便认定老者必有些来历，便恭恭敬敬地答应了。

五天以后，天刚一亮，张良就赶到了桥上。老者却已经在等他了，老者就生气地让他五天后再来。又过了五天，鸡刚刚打鸣，张良就赶到桥头，可老者又比他先到了。老者十分气愤地说："你又迟到了，五天后再来。"五天后，张良在半夜三更就到了桥上。过了一会儿，老者也来了。他见张良先到了，很高兴地说："年轻人就该这样。"并以《太公兵法》相赠。这就是张良巧遇黄石公的传说。

张良得此书后悉心研读，为日后的功绩打下了知识基础。

二、尽显英才

公元前 209 年，陈胜、吴广起兵反秦，各地豪杰纷纷响应。这时刘邦率军攻下下邳以西的地方。张良便去投靠了刘邦，并以《太公兵法》为指南，为刘邦出谋划策，深得刘邦信任，屡建奇功。

公元前 207 年，刘邦进军至南阳郡（今河南鲁山东南），刘邦由于求胜心切，恐怕宛城久攻不下，延宕时日，便想从宛城西边绕行进攻关中。张良分析形势之后，及时劝阻刘邦：如果不攻下宛城而孤军深入，就会陷入后有宛城、前有强敌，腹背受敌的危险局面。刘邦听其言先取下了宛城，使士兵士气大振，秦军则斗志锐减。刘邦接着向西进攻，一路上攻城拔寨，八月便攻入了武关（今陕西商县东）。

峣关在武关以西，是河南南阳一带通往关中的必经之地，更是守卫咸阳的最后一道关隘，战略地位极为重要。刘邦计划用两万士兵强攻峣关。张良则认为，面对强敌，应当智取。于是他建议刘邦，一方面先派出一部分先行部队，并准备充足的干粮，让他们在附近各山头上张挂旗帜，作为疑兵之计，麻痹敌人；另一方面，利用秦将多为屠户子弟，见利忘义这一弱点，派人前去花重金收买，他们内贪重贿，外惧强兵，必会投降。刘邦依计而行。果不其然，秦将纷纷向刘邦求和。张良建议刘邦乘秦军松懈之际，发动突然袭击。刘邦又按张良计谋，亲自带兵绕过峣关，急行军数十里，跨过蒉山（今蓝田东南），在蓝田以南大败秦军，一举攻克蓝田。在蓝田以北经过激烈交战，刘邦于公元前 206 年，农历十月到达灞上（今陕西西安市东）。刚刚做了四十六天皇帝的秦王子婴手捧玉玺投降，秦朝灭亡。

刘邦在早年时，就见过秦始皇的威仪，并对此大加羡慕，此举遭到樊哙的极力反对，张良得知后，便劝其要力求俭朴，切勿重蹈覆辙。刘邦一向倚重张良，听了便幡然悔悟，当即便做了决定，与关中百姓约法三章：杀人者死，伤人及盗抵罪，废除秦朝的严刑酷法。从而得到了关中百姓的民心,为日后的胜利打下了群众基础。

项羽自从平定了黄河以北的广大地区之后,便准备挥师进驻关中。当项羽来到关中时,见刘邦早已进驻关中,一怒之下于公元前206年农历十二月到达戏西(今陕西渭南西北)。这时,刘邦手下有个叫曹无伤的将领,为了讨好项羽,便暗中告密,说刘邦想做关中之王,把天下据为己有。

项羽更加恼怒,犒赏三军,准备消灭刘邦。

当时形势对刘邦非常不利。项羽军队四十万,号称百万,刘邦军队十万,号称二十万。

项羽要消灭刘邦的事,惊动了项羽的叔父项伯。项伯为报张良当年的救命之恩,秘密找到张良,劝其离开。

张良头脑冷静、足智多谋。他平静地对项伯说:"我奉韩王之命,送沛公(刘邦)入关,现在沛公遇险,我怎能偷偷溜走?"于是张良把项伯的话如实告之刘邦,刘邦听了大为吃惊。

刘邦自认自己的兵力不能与项羽的军队相抗衡,于是请来项伯,厚礼以待,并结为姻亲。他对项伯说:"我入关之后,清查人口,封锁库存,只等项将军的到来,我之所以派兵守关,是怕盗贼出入,以防不测事件发生。我日夜盼望项将军的到来,哪能造反呢?还请将这些情况如实禀告。"项伯回去将这些话告之项羽,项羽便相信了。

这样,张良一边使项伯稳住项羽,一边策划刘邦与项羽相见。

这天,刘邦率张良、樊哙与项羽会于鸿门。席间,谋士范增多次示意项羽杀死刘邦,项羽却都不予理会。无奈之下,范增才导演了"项庄舞剑,意在沛公"这出戏。范增让项庄借舞剑助兴为由,趁机杀掉刘邦。项伯看穿了其用意,也拔剑起舞,时时用身体挡住项庄的剑。

张良见形势危急,急忙去找樊哙。樊哙便在席上狂吃豪饮,搅乱宴席。项羽惊讶于樊哙的雄壮。刘邦借机逃掉,张良则拿着精美的玉器礼物,独自留下来应付项羽。

鸿门一宴,不仅显示了张良的足智多谋,而且表现了他的忠心耿耿,敢于为知己者死的封建士卿精神。

公元前 206 年,项羽自立为西楚霸王,定都彭城,并分封诸侯,以霸主自居。

刘邦被封为汉王,统领遥远的巴、蜀地区。刘邦便拿出一百斤黄金、两斗珍珠来赏赐张良,这些东西全被张良送给了项伯。刘邦又准备了一份厚礼,叫张良转送给项伯,让其求项伯替他向项羽提出封地的要求,即将汉中之地封给汉王,这一请求得到了项羽的允许。汉王刘邦要回了封地,张良为他送行。汉王让张良回到韩王身边听命,张良劝刘邦烧毁栈道,以示自己绝不东归,让项羽的斗志懈怠。

当张良回到韩国时,得知项羽因忌恨自己早将韩成王害死。此时,各地诸侯因分封不公而纷纷起兵反对项羽。公元前 204 年农历四月,刘邦率军五十六万直逼彭城,但因孤军作战,遭到楚军重创,大败而归,逃到下邑(今江苏砀山)。

刘邦苦于无人可以委以重任,带兵伐楚。张良便推举与项羽有深仇大恨的九江王黥布和与齐王田荣在梁地反楚的彭越,此二人是不可多得的将才。在汉王的将领中,韩信可担以重任,独当一面。刘邦听从了这个建议,重用韩信,拉拢黥、彭二人。到魏王豹反叛汉的时候,韩信一人率军北伐,势如破竹地占领了燕、代、齐、赵诸国,可以说,这三人在灭楚的整个过程中,发挥了极为重要的作用。

后来,韩信带军攻古齐国,计划自称为王。刘邦大怒,张良劝说刘邦,刘邦便命他带上印信去封韩信为齐王,这才使韩信心甘情愿为刘邦对付项羽。

三、功成身退

公元前 201 年(汉六年),刘邦大封群臣。张良虽没有领兵四处作战的战绩,但刘邦说:"运筹于帷幄之中,决胜于千里之外,这是子房的功劳。齐国的三万户食邑,任你选择。"张良说:"我能够追随您,是上天的旨意;我的意见能被您采纳,更是您的恩德。能得到您与我相见的留地,已经十分满足,万户食邑臣实不敢接受。"于是张良被封为留侯。

二十多位功臣都被封赏了,其余功臣的封赏还在议论中。皇帝刘邦住在洛阳南宫,各位将领被他从阁楼上一览无余,他们经常几个人聚在一起窃窃私语,皇帝疑惑不解,问张良:"他们在说什么?"张良说:"他们在谋反。"刘邦大惊。天下刚刚安定,新皇帝刘邦决想不出他们有什么理由要谋反。张良解释说:"陛下不过是普通平民出身,这些人跟随陛下夺取天下,也就是为了享受荣华富贵。如今陛下贵为天子,被封赏的人都是您的旧部下,被问罪的人都是您的仇敌。他们既担心得不到封赏,又害怕因得罪了陛下而被杀掉,所以才聚在一起谋反。"即刻,刘邦依张良计重赏曾经背叛过自己的雍齿,郡臣见雍齿被封为侯,就全部安定下来。张良这样做,使刘邦避免了"阿私之失",使群臣消除了"猜惧之谋",使得"国家无虞,利及后世。若良者可谓善谏矣"。

定都关中之后,公元前197年,皇室内部发生了戚夫人争宠夺嫡的事件。刘邦本来立了吕后的儿子刘盈为太子。而后吕后便留守长安,而戚夫人则与刘邦形影不离,深受宠爱。一方面戚夫人经常在刘邦面前哭闹着改赵王如意为太子,另一方面太子刘盈又不讨刘邦喜欢,于是刘邦就想废掉刘盈,改立如意为太子。当时许多大臣竭力劝阻,但刘邦始终不肯改变主意。

吕后于无奈之下,便去求助张良。张良建议吕后请刘邦非常敬重的四位老人——东园公、角里先生、绮里季和夏黄公做太子刘盈的门客。刘盈的太子之位才得以保住。

公元前195年(汉十二年),刘邦带病平定了黥布叛乱,身体每况愈下,危在旦夕,却仍坚持另立太子。张良又力劝刘邦,但刘邦却一意孤行。张良感叹说:"当年皇上在危难之中,对我的计策言出必从,如今天下太平,皇上因为喜爱戚夫人而另立太子,事关家事,纵使我等一百多人也无济于事。"从此张良以有病为由,不再理事。但张良献计请出的四位老人却巩固了刘盈的太子地位。

在一次宴会上，太子刘盈在旁侍奉。太子身后跟着四位老人，他们都须眉皓白，衣冠博带，年龄已八十有余。刘邦不解，问他们是什么人。四位老人一一作答。刘邦大惊，问道："你们无视我的召见，为何又与太子在一起?"四位老人回答："皇上一向看不起儒生，我们才躲起来，如今太子宽厚仁慈、孝顺有礼，礼贤下士，人人敬而从之，我们才甘心为太子效力，在所不辞。"刘邦见太子羽翼已成，即使另立赵王如意为太子，恐怕也不是刘盈的对手，于是打消了废嫡立庶的主张。

这场统治阶级内部的政治斗争，尽管反复几次，轰动朝野，但由于张良的运筹帷幄，终于使吕后和太子刘盈转危为安，获得胜利，从而避免了一场可能发生的政治动乱，巩固了汉朝的统治，在客观上也稳定了时局。

张良天生体弱多病，晚年在家修身养性，常常闭门不出。

公元前 189 年(汉惠帝六年)，张良去世，谥文成侯，埋葬于谷城山下的黄石岗。

司马迁

司马迁是中国历史上伟大的史学家。他因直言进谏而惨遭宫刑，却因此更加发愤著书，创作了名震古今中外的史学巨著《史记》，为中国人民、世界人民留下了一笔珍贵的文化遗产。

一、继父志，任史官

司马迁，字子长，汉景帝中元五年（公元前145年）出生于龙门山下（在今天的陕西省韩城县）。

元封三年（公元前108年），司马迁子承父业，当上了太史令，开始从皇家藏书馆中整理选录历史典籍。司马迁的祖先并不十分显要，掌管太史的官职。但是司马迁和他的父亲司马谈都以此为荣，在他们的心目中，修史是一项崇高的事业。他们为此奉献了自己一生的精力。

司马谈一直准备写一部贯通古今的史书。因此，在司马迁年纪尚小时就让他学古文，司马迁学习刻苦，进步非常快，并且极有钻研精神。

司马迁的父亲在病危之际，拉着儿子的手，流着泪对他说："我死了以后，你一定要接着做太史，千万不要忘记我一生希望写一部通史的愿望。你一定要继承我的事业，不要忘记啊！"这一番谆谆嘱托极大地震动了司马迁，他看到了父亲作为一名史学家难得的使命感和责任感，他也知道父亲将自己毕生未完成的事业寄托在自己的身上。司马迁低着头，流着泪，悲痛而坚定地应允道："儿子我虽没有什么才能，但我一定会完成您的志愿的。"

司马迁做了太史令以后，就有了阅读外面看不到的书籍和重要资料的机会。这为他以后著《史记》提供了良好的条件。可是，资料整理工作非常繁琐。由于当时的藏书和国家档案都杂乱无序，连一个可以查阅的目录也没有，司马迁必须从一大堆的竹简和绢书中寻找线索，去整理和考证史料。司马迁几年如一日，费尽心血，几乎天天都埋头整理和考证史料。

司马迁一直记得父亲的遗志，他决心效仿孔子编纂《春秋》，写出一部同样能永垂不朽的史著。公元前104年，司马迁在主持历法修改工作的同时，正式着手写他的伟大著作《史记》。

二、直言受宫刑

天汉二年(公元前99年),正当司马迁全身心地撰写《史记》的时候,却遇上了飞来横祸,这就是李陵事件。

这年夏天,汉武帝派自己的宠妃李夫人的哥哥、贰师将军李陵利领兵去讨伐匈奴,另派李陵跟随李广利押运辎重。李陵带领步卒五千人出居延,孤军深入浚稽山,与匈奴单于遭遇。匈奴以八万骑兵围攻李陵。经过八昼夜的战斗,李陵斩杀了一万多匈奴人,但由于他得不到主力部队的增援,结果弹尽粮绝,不幸被俘。

李陵兵败的消息传到长安之后,汉武帝本希望他能战死,后听说他却投了降,愤怒万分,满朝文武官员察言观色,趋炎附势,几天前还纷纷称赞李陵的英勇,现在却附和汉武帝,指责李陵的罪过。汉武帝询问太史令司马迁的看法,司马迁一方面安慰武帝,一方面也痛斥那些见风使舵的大臣们,尽力为李陵辩护。他认为李陵平时孝顺母亲,对朋友讲信义,对士兵有恩信,常常奋不顾身地急国家之所急,有国士的风范。司马迁痛恨那些只顾保全自己和家人的大臣,他们见李陵如今出兵不利,就一味地落井下石,夸大其罪责。他对汉武帝说:"李陵只率领五千步卒,深入匈奴,孤军奋战,斩杀了许多敌人,立下了赫赫战功。在救兵未到、弹尽粮绝、走投无路的情况下,仍然奋勇杀敌。就是古代名将也不过如此。他之所以不死,而是投降了匈奴,一定是想寻找适当的机会再报答汉室之恩。"

司马迁的意思似乎是暗示贰师将军李广利没有尽到他的责任。他的直言触怒了汉武帝,汉武帝认为他是在为李陵辩护,讽刺了劳师远征、战败而归的李广利,于是下令将司马迁打入大牢。

司马迁被关进大牢以后,案子落到了当时名声很臭的酷吏杜周手上,杜周严刑拷问司马迁,因此司马迁忍受了各种肉体和精神上的残酷折磨。面对酷吏和酷刑,他始终不屈服,也不认罪。司马迁在狱中不停地问自己：“这是我的罪吗？这是我的罪吗？我一个做臣子的，就不能发表点意见吗？”不久，有传闻说李陵曾带匈奴兵攻打汉朝。汉武帝信以为真，便草率地处死了李陵的母亲、妻子和儿子。司马迁也因此被判了死刑。

据汉朝的刑法，死刑有两种减免办法：一是拿五十万钱赎罪，二是受“腐刑”。司马迁官小家贫，当然拿不出这么多钱赎罪。腐刑既残酷地摧残人的身体和精神，也极大地侮辱人格。司马迁当然不愿意忍受这样的刑罚，悲痛欲绝的他甚至想到了自杀。可后来他想到，人总有一死，但“或重于泰山，或轻于鸿毛”，死的轻重意义是不同的。他觉得自己如果就这样“伏法”，就像牛身上少了一根毛，根本毫无价值的。他想到了孔子、屈原、左丘明和孙膑等人，想到了他们所受的屈辱以及后来所取得的骄人成果。司马迁顿时觉得自己浑身充满了力量，他毅然选择了腐刑。面对最残酷的刑罚，司马迁虽然痛苦到了极点，但他并没有怨恨，也没有害怕。他只有一个信念，那就是一定要活下去，一定要把《史记》完成，“是以肠一日而九回，居则忽忽若有所亡，出则不知所往。每念斯耻，汗未尝不发背沾衣也。”正因为还没有完成《史记》，他才忍辱负重地活了下来。

三、发愤著《史记》

司马迁从元封三年（公元前108年）为太史令后开始阅读、整理大量史料，准备写作，到太始四年（公元前93年）基本完成了全部写作计划，共经过十六年。这是他忍受了肉体和精神上的巨大痛苦，拿整个生命写成的一部伟大著作。但在他生前并没有多少人知道这本书。

全书包括十二本纪，三十世家，七十列传，十表，八书，共五个部分，约五十二万六千多字。

司马迁撰写《史记》，态度认真严谨，实录精神是其最大的特点。他所写的每一个历史人物或历史事件，都经过了大量的调查和研究，并对史实反复作了核对。司马迁早在二十岁时，便离开首都长安遍踏名山大川，实地考察历史遗迹，了解到许多历史人物的遗闻逸事以及许多地方的民俗风情和生活状况，开阔了眼界，而且也扩大了胸襟。汉朝的历史学家班固说，司马迁"其文直，其事核，不虚美，不隐恶，故谓之实录"。也就是说，他的文章公正，史实可靠，不空讲好话，不隐瞒坏事。这便高度评价了司马迁的科学态度和《史记》的记事翔实。

司马迁要坚持"实录"精神，就必须面对现实、记录现实，这就不可避免地会遇到"忌讳"的问题。可是他在给人物作传记时，并不被传统历史记载的成规所拘束，而是按照对历史事实的思想感情记录。从最高的皇帝到王侯贵族，到将相大臣，再到地方长官等等，司马迁当然不会抹杀他们神奇、光彩的一面，但突出的是揭露其腐朽、丑恶以及对人民的剥削和压迫。尤其揭露了汉代统治阶级的罪恶。他虽是汉武帝的臣子，但对于他的功与过，司马迁丝毫没有加以隐瞒，他深刻揭露和批判了当时盛行的封禅祭祀、祈求神仙活动的虚妄。在《封禅书》中，他把汉武帝迷信神仙、千方百计寻求不死之药的荒谬行为淋漓尽致地描绘了出来。

司马迁想为封建统治者提供历史的借鉴作用，反映的是真实的历史，这是非常可贵的。本着实录的精神写人物，这是司马迁的笔法。他在作传时，把自己的看法寓于客观的事实叙述之中，来表示自己对人物的爱憎态度。比如在《项羽本纪》中，司马迁并没有发议论，但是他对项羽的爱憎态度却于叙事之中明显地表现了出来。这便是司马迁作传的最大特点，即真实性和倾向性的统一。司马迁首创了以人载事，始终叙述一个人生平事迹的写法。着重写其"为人"，并注意其"为人"的复杂性，是司马迁的笔法。他在作传时，把自己的看法寓于客观的事实叙述之中，来表示自己对人物的爱憎态度。比如项羽这个人物，司马迁同情他，以非常饱满的热情来写这位失败英雄。他既称赞项羽的骁勇，又对他的胸无大志、残暴自恃作出批评。

司马迁爱憎分明的态度在《史记》当中表现得非常充分。他高度评价了秦末农民大起义。陈胜出身贫农,是农民起义的领导者,可司马迁却将他和诸侯并述,放在"世家"当中来叙述。对于一个封建史学家来说,能做到这一点是不容易的。对陈胜首先起义、推翻秦朝的历史功绩,司马迁是完全持肯定态度的。对于历史上许多忠于祖国、热爱人民的英雄人物,司马迁也大加赞赏。他当年游历时,曾到过湖南长沙北面的汩罗江,并在江畔凭吊了伟大的爱国诗人屈原。这次凭吊极大地影响了司马迁,他的心灵中深深地印入了屈原的诗篇和他一生的遭遇。在给屈原作传时,他认为屈原可以同日月争辉,并愤慨地谴责了楚国统治者不辨忠奸的丑恶行径。当年,司马迁还曾到湖南零陵郡瞻仰舜的葬地,对舜的事迹也作了实地考查。后来在写《史记》时,他便把舜的事情写在《五帝本纪》里,赞扬他忧国忧民的高贵品质。司马迁对这些人物进行大胆的歌颂,实际上便是对劳动人民的同情,赞赏人民反抗强暴的强烈愿望。司马迁还对名医扁鹊、谆于意等有益于人民的人,用很长的篇幅记录了他们的生动事迹和医学理论。这些人当时都没有社会地位,可在司马迁的心目中,他们远比某些王侯将相高贵。

对封建统治者的丑恶行径,司马迁也有比较深刻的认识,并无情地揭露了统治阶级的罪恶。

比如《酷吏列传》一共为十个残暴冷酷的官吏作传,其中汉武帝的臣子就有九人。汉武帝当时重用张汤,而"汤为人多诈,舞智以御人。始为小吏,乾没,与长安富贾田甲、鱼翁叔王属交私"。所谓"乾没",即空手得到的意思。这里描写的是张汤为小吏时好使用计谋以制服人的情况。张汤得势后,与赵禹一起制定了各种残酷的法令,其中有一条叫"腹诽之法",即不管有罪与否,只要被指控为对朝廷心存不满的就可以依此治罪。张汤不仅善于巧立法令名目,而且还会迎合汉武帝的心意去处置"犯人"。在他的主持之下,往往一个案件会使无数人家受到株连,以致杀人如麻,视人命如草芥。这些人的罪恶活动都被司马迁记录了下来,他就是通过这些对汉武帝时期的专制统治加以揭露和控诉的。

司马迁的进步历史观和敢于揭露帝王过失的大胆作风值得肯定。对于历史的演进过程，他的思想也比较完整。他在给予历史正确的评价后，又充分肯定了历史是不断发展的这一结论。

　　鲁迅先生曾说：《史记》是"史家之绝唱，无韵之《离骚》"。也就是说，作为一部规模宏大、体制完备的中国通史的《史记》，同时也是一部非常优秀的文学著作。

　　在司马迁的笔下，篇幅不多的文字就能非常生动地刻画出一个历史事件或一个历史人物。例如，对《田单列传》中田单防守即墨城的描写。田单用了六条妙计，其中"火牛阵"便是最重要的一条计策。晚上，田单将紫红色的带有龙纹的布帛披在一千多头大牛身上，又在其角上绑上锋利的刀剑，用油浸透它们的尾巴，再用火点着。于是，一千多头火牛带着熊熊火焰，像怪兽一样冲进了燕兵的阵地。而齐国士兵也拿着武器冲向了敌人，还有一些人敲锣打鼓，高声喊叫，以壮声势。摸不着头脑的燕兵吓得争相而逃。结果被杀得丢盔弃甲，齐国大获全胜。司马迁虽着墨不多，可"火牛阵"就如一幅图画一般浮现于读者的脑海中。

　　司马迁还栩栩如生地刻画了不同类型的历史人物。比如，司马迁描写刘邦入关时与民众约法三章，充分表现出了一个政治家的风度。而刘邦同样也具有好谩骂的流氓习气和随机应变的性格。有一回，韩信给刘邦写信，要求封自己为假齐王。刘邦非常生气，刚想发作，张良却在一旁暗示他别发作，他立即转过口风说："大丈夫平定诸侯，要做就做真王，做什么假王呢？"这里用字也不多，却活灵活现地刻画出了刘邦善于随机应变和玩弄权术的性格。

　　司马迁在书中的叙述语言不仅非常生动，而且人物形象鲜明。他广泛采用口头流传的谚语、成语、歌谣，而且不回避方言土语。他的语言是一种接近口语的"方言"，通常叙述和人物对话和谐一致，虽明快但含蓄，话外有音，值得寻味；繁复而简洁，不拘一格，各得其所，一般都为人物特征的描写而服务。他刻画人物说话口吻的描写最令人寻味，充分表现出了人物的精神态度。为了突出人物形象,他还常常适当地强调、夸张。比如,《高祖本纪》"(五年)正月,诸侯及将相共请尊汉王为皇帝。……汉王三让,不得已,曰:'诸君必以为便,便国家。'"这一段写汉高祖让帝位的话,是直接模拟当时的口语,生动形象地反映了刘邦惺惺作态的样子,读完不禁觉得刘邦说话的情景好像就在眼前。再者,司马迁使用古史资料时,一般以当时通用语翻译古语。如《五帝本纪》写尧舜的事迹,取材于今文《尚书·尧典》,把书中的"百姓如丧考妣,三载四海遏密八音"、"允厘百工,庶绩咸熙"等语,翻译为"百姓如丧父母,三年四方莫举乐"、"信饬百官,众功皆兴"等,译文与原文相比较,就会发现更易读懂。《史记》的人物传神与司马迁驾驭语言的高超能力是分不开的。

一个人在遭到无辜的迫害之后,通常有两种选择:要么悲观消沉,要么发愤图强。而司马迁选择了后一条路。他将自己心中所有的"愤"全部倾注到《史记》的创作中去。司马迁独创了中国历史著作的纪传体体裁,开创了史学方法上以传、纪为形式,以社会为中心记载历史,为后人展示了一部规模宏大的社会变迁史。无论在历史上还是文学史上,司马迁都取得了辉煌的成就。尤其是他实事求是,不阿谀奉承的人格力量,永垂不朽。

张　衡

张衡,字平子,南阳西鄂(今河南省南阳市石桥镇夏村)人,东汉时期伟大的科学家、文学家和发明家。

张衡的成就极为广泛,涉及天文、历法、文学、地理等诸多方面,而且在每一领域中,他都有着广博而精深的造诣,这使他在中国科技史、文学史上都占有重要地位。

一、访师求学

东汉章帝建初三年（公元 78 年），张衡出生在山清水秀的百桥镇（现河南省南阳县城北）。由于父亲的早逝，家里生活相当清苦。贫困的生活，不仅没有影响到张衡的求知欲望，反而更加激发他刻苦忘我的学习精神。他熟读儒家经典，但却不受经书思想的束缚。

浑天仪

少年时代的张衡对文学尤其喜爱，他花了很多工夫去研究司马相如、扬雄等人的作品，甚至能够背诵。这些作品强烈地震撼着张衡年轻的心灵，他希望自己将来也能成为他们那样的文学家。

张衡 17 岁时，就已写得一手好文章，在当地有一定的名望。有一次，一位地方官员推荐张衡做官，张衡心想：我绝不能成天待在家乡读那些古文经传，更不能去追求做官发财的门道，我要历尽千辛万苦到实践中去探求科学真理。于是，他决定离乡游学，以增长知识，而不去谋求官职。他收拾好行装，离开家乡，踏上了游览名都大城、访师求学、探索科学真理的征途。

公元 94 年，张衡首先来到关中西京（长安），大约用了一年多的时间，进行实地考察。他往来于渭河流域，走遍了坦荡肥沃的渭河平原，观赏了巍峨青翠的终南山、奇险峻峭的华山，并且访民俗，问物产，寻古迹，对西汉雄伟壮丽的都城建筑，市井布局都作了细致的考察。通过这次游览，他不但加深了对前人文学作品的体会，而且积累了大量的文学素材，为他后来写成著名的《西京赋》奠定了坚实的基础。他的不朽名篇《温泉赋》就是在游览的途中，在骊山脚下写出来的。

公元 95 年，18 岁的张衡来到了喧闹的洛阳城，结识了当地的许多著名学者和优秀青年，如经学大师马融，政论家王符，精通天文、历法、数学的崔瑗等。后来，张衡在崔瑗的影响下，也进一步研究天文、物理等科学。这一时期的活动与张衡日后研究天文、数学并获得巨大的成就，是有一定关系的。

二、硕果累累

汉朝的时候，关于宇宙结构的理论，主要有三个学派，即盖天说、浑天说和宣夜说。张衡是浑天说的代表人物。他认为天好像一个鸡蛋壳，地好比鸡蛋黄，天大地小；天地各乘气而立，载水而浮。这个看法虽然也是属于地心体系的范畴，但是在当时却有进步之处。

张衡不但注意理论研究，而且注重实践，他曾亲自设计和制造了漏水转浑天仪、候风地动仪。候风地动仪制成于顺帝阳嘉元年(132)，后者是世界上第一架测验地震的仪器。

浑天仪相当于现在的天球仪，原是西汉时耿寿昌发明的。张衡对它作了改进，用来作为浑天说的演示仪器。他用齿轮系统把浑象和计时漏壶联系起来，漏壶滴水推动浑象均匀地旋转，一天刚好转一周。这样，人在屋子里看浑象，就可以知道哪颗星当时在什么位置上。

张衡还对许多具体的天象作了观察和分析。张衡认为，早晚和中午的太阳，其大小是一样的，看起来早晚大，中午小，只是一种光学作用。早晚观测者所处的环境比较暗，由暗视明就显得大；中午时天地同明，看天上的太阳就显得小。好比一团火，夜里看就大，白天看就小。张衡的这种解释是有道理的，但不很全面。到了晋代，束皙才作了比较完善的解释。

张衡的学术成就是多方面的。阳嘉元年，张衡发明了一种测定地震方位的地动仪。地动仪用铜制成，形状像酒樽，内部中间竖着一根粗大的柱子，柱子周围有 8 根横杆连接外面。外面有 8 条龙，龙头朝下，按 8个方向排列，龙嘴里各衔着一个小铜球，下面蹲着 8 只张嘴的蟾蜍。如某一方向发生地震,柱子就会倒向那个方向的横杆,那个方向的龙嘴就吐出铜球,落到蟾蜍嘴里。这样,人们就可以知道什么方向发生了地震。

永和三年(138),地动仪准确地预测了发生在陇西的一次地震。张衡发明的地动仪是世界上第一架测定地震方向的仪器,比欧洲的地震仪要早 1700 多年。他还发明了测定方向的候风仪,制成了当时只是在传说中有过的指南车。

在数学方面,张衡算出了圆周率比 10 的平方根 3.16 多一点;在地理学方面,他绘制有地形图;在文学艺术方面,他是东汉时期有名的文学家,并且还被列为当时的六大名画家之一。1956 年,郭沫若为他题碑文:"如此全面发展之人物,在世界史中亦所罕见。万祀于龄,令人景仰。"

诸葛亮

诸葛亮是三国时期著名的政治家、军事家，年轻时隐居隆中以待时机；经刘备三顾茅庐才出山，辅佐刘备联吴抗曹，建立蜀国；后又继续辅佐刘禅治蜀，南征北伐，七擒孟获，六出祁山，最终病死五丈原。诸葛亮一生鞠躬尽瘁，死而后已，堪为后世楷模。

一、隐居隆中

诸葛亮(181—234),字孔明,琅玡郡阳都县(今山东省临沂市沂南县人)。诸葛亮的父亲诸葛珪曾任泰山郡丞。诸葛亮排行老二,上有哥哥诸葛瑾,下有弟弟诸葛均,另外,还有两个姐姐。诸葛亮八岁时,其父诸葛珪去世。兄弟姐妹五人就由叔父诸葛玄收养,在故乡阳都过着比较艰苦的生活,直到诸葛亮年满十四岁。

东汉末年,军阀混战,诸葛亮的故乡琅玡阳都也遭受了战火的影响,一家人在此无法生活下去。这个时候,其叔父诸葛玄恰好出任豫章(今江西省南昌市)太守,于是,诸葛亮的哥哥诸葛瑾自己逃往江东避乱谋生去了,诸葛亮姐弟四人则随叔父诸葛玄到豫章避难。然而不到一年,诸葛玄就被军阀赶出豫章,诸葛玄只得带领他们姐弟四人投奔好友荆州牧刘表。但是没多久,诸葛玄便去世了。而此时,诸葛亮的两个姐姐都已嫁人,诸葛亮只好与弟弟诸葛均一起来到荆州南阳郡邓县的隆中,在此盖了几间茅草屋,种了几亩田地,过着隐居的生活,此时诸葛亮年仅十七岁。

诸葛亮自幼聪慧,并且好学。隐居隆中之后,虽然生活清贫些,但是他边耕种,边求学。在隆中隐居时,诸葛亮用了很多时间博览群书,刻苦攻读诸子百家,哪怕是逸闻野史,他都不放过。诸葛亮读书与别人不一样,他不拘泥于一章一句一词,而是观其大概。经过多年的潜心钻研,诸葛亮不但上知天文下知地理,而且还通晓兵法战术。虽然是隐居,但他十分关注天下大事,以此为己任,常自比春秋时期的管仲和战国时期的乐毅。

诸葛亮在隆中隐居时,结识了一批饱学有志的青年人物,如博陵崔州平,颍川徐庶、石韬,汝南孟建,襄阳庞统等。他们经常聚会,纵论天下大事,畅谈个人抱负。有一次,诸葛亮对石韬、徐庶、孟建三人说:"你们三人去做官,将来可至刺史、太守。"三个人又反过来问诸葛亮自己会如何,诸葛亮则笑而不答,可见其雄心壮志更在三位朋友之上。另外,诸葛亮还结交了两位长者,即襄阳庞德公和颍川司马徽,二人对诸葛亮的才华十分了解。有一次庞德公对司马徽说:"诸葛亮为卧龙,庞统为凤雏。"司马徽对此比喻深表赞同。从这也可看出诸葛亮的声名之一斑。

诸葛亮在隆中隐居了十年,最后他终于遇到了自己可以辅佐的明君,这就是刘备。

二、三顾茅庐

公元201年,刘备在曹操逼迫之下去投靠了荆州刘表。而自镇压黄巾起义以来,刘备曾先后投靠了敌人,深感自己需要人才来壮大自己的势力,于是就在207年,刘备加快了拜访搜罗天下人才的速度。

他拜访了当时名气很大的颍川司马徽,请求司马徽给自己推荐人才,于是司马徽就向刘备推荐说:"我们这里的俊杰就是卧龙凤雏。"刘备又问何为卧龙凤雏,司马徽就告诉刘备即诸葛亮和庞统也。没过多久,名士徐庶到新野帮助刘备策划军事,也向刘备推荐诸葛亮说:"我朋友诸葛亮,人称卧龙,是天下少有的人才,将军不想见他吗?"于是刘备表示希望能见见诸葛亮,并希望徐庶把诸葛亮带来。徐庶则说:"像诸葛亮这样的人才,只能您去拜见他,不能随便召他来见您!"

本来,刘备认为徐庶已是个难得的人才,想不到徐庶却如此推崇诸葛亮,才知诸葛亮更是人才。于是在公元207年冬天,刘备冒着严寒,三次从新野到隆中拜访诸葛亮,前两次都没有见到,直到第三次,才见到了诸葛亮。这就是历史上著名的"三顾茅庐"的故事。

初次相见,刘备十分诚恳地向诸葛亮求教安定天下的大计,诸葛亮便答以著名的《隆中对》。

在《隆中对》中,诸葛亮首先明确了天下的五大势力集团,即曹操、孙权、刘表、刘璋、张鲁五个力量集团。然后又对五支力量进行了具体分析,认为:目前曹操不仅兵力逾百万,而且挟天子以令诸侯,是最大的军阀,不能与曹操争锋;孙权占有江东,已经三代,而且江东地势险要,可以联合孙权作为外援;虽然刘表占据荆州,但他懦弱无能,是夺取荆州的良机;益州地势险要、土地肥沃,但是其统治者刘璋昏庸。因此,诸葛亮建议刘备夺取荆州之后即取益州,然后与西南少数民族修好,再和孙权结成联盟,内修明政,等待时机北伐,兴复汉室。

刘备听了诸葛亮透彻的分析后,极为敬佩,于是极力恳请诸葛亮出山,帮助他完成光复汉室的大业。诸葛亮见刘备礼贤下士,心胸开阔,抱负远大,正是自己想要辅佐的人,于是就答应了刘备的请求。从此以后,诸葛亮便成了刘备最得力的助手。

三、赤壁之战

曹操统一北方之后,雄心勃勃,企图一举南下,统一全国。于是在公元 208 年七月,统率十万大军向南征讨刘表。八月,刘表病死,次子刘琮率众向曹操投降。如此一来,刘备在襄阳一带无法立足,只好奔向江陵。

江陵地处要塞,而且刘表在江陵囤积有大量物资,曹操恐怕刘备先占领江陵,于是率精骑五千,昼夜行军三百余里,兼程狂奔。当时,襄樊的百姓害怕被曹军屠杀,跟随刘备的人很多。然而由于百姓和物资多,所以整个队伍行动缓慢。于是刘备只好派关羽先率领水军一万人,从水路赶往江陵。刘备等依旧缓慢行进,结果在当阳的长坂(今湖北当阳县东北)被曹操骑兵追上,刘备军队几乎全军覆没。仅带领诸葛亮、张飞、赵云等数十人脱险,在江津与关羽水军相会合,渡过汉水之后,又和刘表长子刘琦的军队会合,退至樊口(今湖北鄂城县西北)。刘备所属部队,在被曹操攻击之后共剩下两万多人,实力锐减。

曹操占领江陵后,决定乘胜沿江东下,一举消灭江东。他亲率大军二十万,号称八十万,从江陵沿江东下,向东吴进攻。

早在曹操南征、刘表病死时,孙权得知此消息之后深感不妙,于是派鲁肃前往荆州以吊唁刘表之机劝说刘备和诸葛亮,向东联合孙权。此时,诸葛亮见情势紧急,也劝刘备向孙权求救。于是,刘备派诸葛亮出使东吴。当时孙权拥军柴桑(今江西省九江市西南),但是他在降曹还是抗曹问题上犹豫不决。诸葛亮于是便以激将法劝说孙权,说:"曹操现在已攻破荆州,实力强大。将军如果能够抵抗曹操,就应当及早与曹操断绝往来;如果不能抵抗曹操,为什么不束手向他投降呢?"孙权听后大怒说:"我拥有全吴之地,十万甲兵,岂能受制于人?"于是决定联刘抗曹。诸葛亮就进一步分析指出:刘备虽兵败长坂,但是所部仍有两万余众,而曹操劳师远征,必定十分疲惫。况且北方之人,不习惯水战;而且荆州归附的部队并非心服。只要将军派出几员猛将,必能破曹,如此,则三足鼎立之势成矣。听了诸葛亮的分析,孙权决定派周瑜、程普、鲁肃率三万水军,会同刘备抗曹。

公元 208 年,孙刘联军与曹军在赤壁(今湖北嘉鱼东北)形成对峙局面。时曹军士兵水土不服,染上瘟疫。后来联军用火攻,曹军大败。

于是刘备乘胜追击曹操,占领了荆州江南地区,后又征得孙权的同意占领了荆州江北地区。公元 214 年,刘备率军队进攻四川,取得益州。接着,又从曹操手中取得汉中。至此,刘备成为了与曹操、孙权鼎足而立的军事集团之一,东汉末年以来军阀割据混战的局面终于结束,三国鼎立的形势初步形成。

四、白帝城托孤

刘备取得荆州、益州后,势力很快壮大,尤其是荆州地理位置重要。

但是,荆州对于东吴孙权来讲更为重要,孙权将荆州视为立国之命脉。荆州与孙权所占领扬州之间,有长江相连,交通便利。孙权认为,刺州和扬州是不可分割的整体,不得到荆州,他在长江下游便无法立国。但是,刘备又不肯轻易放弃荆州,于是他就派心腹大将关羽镇守荆州。这样一来,孙刘关系恶化,以致破裂。

公元 215 年,孙权派兵攻占了长沙、桂阳、零陵三郡,而此时刘备命关羽出战,重新夺回三郡。转眼间孙刘之间大战在即。而正在此时,曹操进兵汉中,刘备担心益州危险,于是与孙权讲和,孙刘决定以湘水为界,从此平分荆州。

尽管双方平分了荆州,但是孙权还是在时刻觊觎着荆州的另一部分。公元219年,镇守荆州的大将关羽北伐,并以重兵围攻樊城,造成荆州城兵力空虚,孙权乘机命吕蒙偷袭荆州,吕蒙以伏兵擒获了关羽及其子关平,并将他们杀死,荆州全部归属东吴孙权。

公元220年,曹操病死之后,其子曹丕废掉汉献帝,自称皇帝。公元220年,在诸葛亮等人的建议下,刘备于次年四月在成都称帝,国号为汉,并拜诸葛亮为丞相。

刘备称帝后,决定讨伐东吴孙权,为其弟关羽报仇,准备重新夺回荆州。众臣苦苦劝阻,希望刘备能顾全大局,停止讨伐东吴,但刘备始终不听劝诫。公元221年农历七月,刘备亲率大军东进伐吴,结果在猇亭被东吴大将陆逊打败,其手下大将张南、冯习被杀,胡王沙摩柯、杜路、刘宁则投降陆逊。刘备大败而归。

经过关羽被杀、荆州丢失和此次伐吴失败的打击,刘备的情绪一落千丈,再加上征战的劳顿,就在白帝城一病不起。病危之际,他派人到成都把诸葛亮请来,托付后事。

公元223年农历二月,诸葛亮奉命来到白帝城,刘备对诸葛亮说:"你的才华是曹丕的十倍,一定可以安定国家,成就北伐大业。如果我的儿子刘禅可以辅佐的话,你就辅佐他;如果他不争气,你就可以取而代之。"然后,刘备又告诫刘禅说:"你与丞相共事,侍奉丞相应如父亲一样。"诸葛亮见刘备如此信任自己,十分感动,于是流着泪说:"臣将竭尽所能辅佐幼主,贡献忠贞之节。"不久,刘备于4月24日去世,时年63岁。

同年五月,诸葛亮辅佐刘禅登基,诸葛亮被封为武乡侯,以丞相身份兼任益州牧,全力辅助幼帝刘禅。而刘禅也恪守刘备的遗训,视诸葛亮如父,蜀国军政大小事务,全由诸葛亮来决定。于是诸葛亮"约官职,修法制"，励精图治，建设蜀汉，休养民力，以培国本。这样，诸葛亮的治理才能得以充分施展。

五、治理蜀国

诸葛亮治理蜀国，首先是从建立法治开始的。在刘璋统治益州时期，地方豪强目无法纪，使得国家法令无法实行下去。面对这种情况，诸葛亮厉行法治，赏罚分明，不久就改变了这种局面，使社会秩序恢复正常。

为了恢复国力，进一步安定人民生活，诸葛亮无论是在政治上还是在经济上都实行发展生产、安定民生的方针政策，使得蜀国的经济力量得到很大增强。为了保护著名的水利工程都江堰，诸葛亮设立了堰官，并派一千二百名士兵对都江堰进行保护。

诸葛亮对官吏要求也非常严格，他任人惟贤，提拔了一批德才兼备的人来到各级机关郡县中任职。在公元223年，诸葛亮任命蒋琬、费伟、董允、王连、陈震等有声望的名流大儒为各种官职。而对于那些贪官污吏则毫不留情地进行罢免和惩办，以树立廉洁公正的风气。诸葛亮生活非常节俭，他曾在给刘禅的奏疏中说过他自己在成都有八百棵桑树、十五顷田地，这些东西足够其家人的生活之用，他自己的所有费用，都是由官府供给，因此，不需要别的产业。诸葛亮的责任感极强，在做丞相的时候，不管什么时间，都亲自批阅公文，十分认真仔细，即使再累，也不肯轻易休息。他勤恳认真的做法，给蜀国上上下下的官员树立了榜样。

诸葛亮因为任重事繁，担心有关家国大计的措施不能保证全部正确。因此，他再三鼓励左右及部下随时指正自己的错误，他曾经这样说过："要管理好国家，必须广泛听取各方面的意见。"诸葛亮之所以能成为历史上著名的政治家，与他这种谦逊踏实的品格是密不可分的。有一次，他的部下董和，因为对诸葛亮处理事情不满意，于是就和其争论了十次，最后诸葛亮还对其勇气进行了表扬。

在对待伐魏的问题上,诸葛亮都是一贯坚持联吴的政策。在刘禅继位后,诸葛亮就考虑如何才能打破吴蜀之间关系的僵局,重修旧好,这样才能解除后顾之忧,集中力量平定南中。为此,诸葛亮于公元223年派邓芝出使孙吴。双方经过谈判,与孙权协商断绝了同曹魏的关系,重新和蜀汉结成联盟。此后,吴蜀双方使臣往来不断,蜀汉减轻了后顾之忧。

在民族关系上,诸葛亮虽然是以武力平定南中地区的少数民族,但是诸葛亮坚持攻心为上,心战为主。公元225年春,在作了充分准备之后,诸葛亮兵分三路,向南中进攻。出兵不久,南中地区的叛乱首领雍闿被部下杀死,随后,孟获成了南彝的首领。于是诸葛亮七擒孟获,七次将他活捉,又七次将他释放,使孟获心悦诚服地归降蜀国。这样,南中各地少数民族统统归附。

平定南中后,蜀汉后顾之忧解除,诸葛亮于是集中力量,准备北伐。

六、北伐曹魏

统一中原,是诸葛亮在《隆中对》里早就提出的目标。公元227年,一切准备就绪,诸葛亮向刘禅上了《出师表》,对后方的政治、军事作了妥善的安排之后,就率领老将赵云、魏延及年轻将领马谡等,亲率二十万大军进驻汉中,伺机北伐。

公元228年春,诸葛亮大军向祁山方向(在今甘肃永县东)进发。魏明帝曹叡亲自到长安进行督战,并派大将张郃抵御蜀军的进攻。诸葛亮命参军马谡扼守要地街亭(今甘肃秦安县),迎击魏军。结果马谡自认为精通兵法,不遵守诸葛亮的战前部署,私自上山,被张郃打败,痛失街亭。与此同时,赵云、邓芝也出师不利。诸葛亮见此状况,只好退回汉中,第一次北伐就这样以失败而告终。回到汉中,诸葛亮挥泪斩马谡,并自贬三等。但是,诸葛亮并不甘心,而是着手准备新的北伐。

公元228年冬天,曹休被孙吴大将陆逊打败,曹军主力东下增援,诸葛亮趁机再次北伐,兵出散关(今陕西宝鸡西南),围攻陈仓,魏将郝昭率军死守二十多天,蜀军粮草将尽,而魏将曹真又率兵来援,诸葛亮只好无功而返。而在随后的公元229年、231年,诸葛亮又分别进行了北伐,虽然取得了一些局部战斗的胜利,但是始终未能与魏军主力决战,而且,因为粮草运输的问题,都是无功而返。

公元234年春,诸葛亮发动了第五次北伐,也是最后一次北伐。为了此次北伐,诸葛亮作了三年的准备,他设计了流马来运输粮草,并且和孙权约好同时伐魏。诸葛亮率领十万大军,从斜谷出兵,在五丈原(今陕西郿县西南),与魏将司马懿在渭水相对峙。为了进行长期作战,诸葛亮决定分兵屯田,使屯田兵与渭水沿岸居民杂居,一起农耕。

而司马懿则采取了坚壁拒守的对策,不出战,两军在五丈原相持一百多天。诸葛亮不断向司马懿挑战,但是司马懿就是不为所动。诸葛亮命人送给司马懿一套女人的衣服,嘲笑他懦弱,试图激怒司马懿出战,但司马懿竟含笑接受,仍不为诸葛亮所动。而此时传来消息,与诸葛亮同时出兵的孙权兵败而退回江南,诸葛亮就不由担心魏国的援军会不会到来。到了这年八月,诸葛亮积劳成疾,病逝于五丈原,时年54岁。

诸葛亮死后,大将姜维和杨仪按照诸葛亮生前部署,撤退到汉中。尽管司马懿得到蜀军撤退的消息,但仍不敢追击。所以当时就有了"死诸葛吓走生仲达(司马懿的号)"之说。后来,唐代诗人杜甫在评价诸葛亮时写道:"出师未捷身先死,长使英雄泪满巾。"也反映了后人对诸葛亮北伐失败的惋惜。

蜀汉大军回到成都后,刘禅为了表彰诸葛亮生前的品德和功绩,封赐诸葛亮谥号忠武侯,并将他安葬于汉中定军山(今陕西勉县南)。

不以成败论英雄。尽管诸葛亮没有完成统一大业,但是他作为一代名相,在三国时期进行的纵横捭阖的军事策略和治理蜀国取得的业绩,使他在我国人民的心目中成了智慧的化身。

陶渊明

陶渊明是中国最伟大的文学家之一,田园诗派的创始人,"隐逸诗人之宗"。他从小"好读书,不求甚解";他有济苍生、复故土的豪情壮志,却又因不肯为"乡里小儿"折腰而"归去来",过起了隐居田园的生活;他生性疏懒、嗜酒成癖,但又常常无钱买酒,于是便有了"我醉欲眠"、"渊明漉酒""白衣送酒"等佳话;他的诗文在当时并没有什么名气,但在唐宋之后,却受到文人墨客的极力推崇,成为中国文学史上的一座高峰。

一、青年时代

陶渊明(365—427),又名潜,字元亮,自号五柳先生,私谥靖节,浔阳柴桑(今江西九江西南)人。陶渊明出生于没落的官宦家庭。曾祖父陶侃,官至大司马,封长沙郡公,是当时很有权势的政治人物。祖父陶茂,做过武昌太守,父亲也做过安城太守。母亲是东晋名士孟嘉之女,尤其是其外祖父孟嘉对陶渊明的影响很大。

陶渊明八岁丧父,其生活更贫困,与母亲和妹妹相依为命。虽然生活很贫苦,但因家庭教育优良,他从小就在母亲的指导下读了大量的书,包括《老子》、《庄子》、"六经",以及文、史、神话、小说等等。在《五柳先生传》中,陶渊明曾把自己描绘为"闲静少言,不慕名利。好读书,不求甚解,每有会意,便欣然忘食"。他从读书中获得了极大的乐趣,但是他读书并不是字斟句酌,而是"不求甚解",以期与古人心灵冥合。

青年时代的陶渊明也曾有过远大的志向,他曾回忆道:

忆我少壮时,无乐自欣豫,猛志逸四海,骞翮思远翥。少时壮且厉,抚剑独行游,谁言行游近,张掖至幽州。

二、辞官还乡

陶渊明早年没有做官,二十九岁时,因其亲人衰老、家境贫困的缘故,他出仕做祭酒。由于看不惯官场的黑暗,没过几天就辞职不干了。州里又召他做主簿,他也是"辞不就",自此在柴桑过起了自给自足的隐居生活。七年之后,陶渊明又出任桓玄镇军的参军。母亲去世后,他辞官奔丧,守制两年。

有一次,他对朋友说:"我想过恬淡的生活,现在我出去做官,是为了隐居积攒一些衣食之资,不知可以吗?"当权者听说后,马上派他去做了彭泽县令。县里拨给他的几亩公田,他全部用来种植了酿酒用的秫谷,说:"能让我每天有酒喝就足够了!"妻子不同意,于是他便拿出一半的土地种植粳稻米,另外一半则种植秫谷。

陶渊明当上彭泽县令之后没多长时间,有一天,浔阳郡郡守派一个督邮到县里视察,县吏告诉他:"您应该穿好衣服,束好衣带前去拜见。"陶渊明听后,叹了口气说:"我岂能为了五斗米,就向那些乡里小儿卑躬屈膝?"当天就辞去了彭泽县令这个官职,返回故里。

陶渊明只当了八十五天的彭泽县令,从此就没有再做过官,从此开始了长达二十多年的隐居生活。

三、桃花源

陶渊明四次辞官之后,选择了归隐,这主要是他爱好自然的天性所驱使和当时的社会环境让他不得不做出这样的选择。

陶渊明从小就喜爱大自然,向往美好的田园生活。他有"少无适俗韵,性本爱丘山"、"弱龄寄事外,委怀在琴书"、"静念园林好,人间良可辞"等诗句,可见,陶渊明在正式归隐之前,心中始终有一个声音在强烈地呼唤着他"归去来"。当他奔波于公事时,这个声音在呼唤;当他沉思冥想之际,这个声音也在呼唤。最后,他终于实现了归隐田园的愿望。

崇尚自然,是陶渊明归隐的主要原因,而客观原因则在于,他对当时的社会腐败很不满。他所处的社会到底是什么样子呢?他在《感士不遇赋》的序言中说:

"自真风告逝,大伪斯兴,闾阎懈廉退之节,市朝驱易进之心。怀正志道之士,或潜玉于当年;洁己清操之人,或没世以徒勤。故夷、皓有'安归'之叹,三闾发'已矣'之哀。悲夫!寓开百年,且瞬息已尽,立行之难,而一城英赏。此古人所以染翰慷,屡伸而不能已者也。"

诗人在这里指出当时社会风气的腐朽,朝堂之上"雷同共誉毁,咄咄俗中愚",正直的人是没有出路的。要想保持高洁的品性,延命于乱世,便只有隐居这一条路了。

陶渊明心目中有自己的理想社会。这个理想社会就是他在《桃花源记》中所描绘的世外桃源。

按照文章中所描述的，桃花源是一个与世隔绝、不受外界干扰的地方。桃花源外是一片桃花林，"中无杂树，芳草鲜美，落英缤纷"，环境十分优美，引人入胜。"林尽水源，便得一山。山有小口"，从小山口进入，"复行数十步，豁然开朗"。那里土地平坦广阔，房屋排列整齐，田地肥沃，池塘清澈，桑竹茂盛。田间道路纵横交错，井然有序；村舍中鸡鸣犬吠不绝于耳；男男女女正在田间辛勤地劳作，老人和小孩在一边怡然自乐。整个桃花源呈现出一派繁荣祥和、生机盎然的景象。

在生活上，桃花源人也是自给自足。他们日出而作，日落而息，努力耕种。桑竹繁茂，都可以蔽日遮阴了，五谷能及时种植，不违农时。到了收获的季节，他们也能够"春蚕收长丝，秋熟靡王税"。所有的收成都归自己所有，而且不必交那些繁重的苛捐杂税。另外，这里没有兵丁、官吏，不见商业、学校，完全是一个没有剥削、没有压迫的社会。在这个社会里，人人平等、共同劳作、崇尚人性，没有钩心斗角，也没有尔虞我诈，这就是陶渊明心目中的理想社会！

但是，这样一个淳朴、安乐的乌托邦式的理想社会在当时是根本实现不了的。他只是希望在他隐居的狭小的生活范围内，能找到心灵的安宁。

四、归去来

黑暗的社会现实与崇尚自然的本性，使陶渊明最终选择了归隐之路。在辞官归隐时，诗人作《归去来兮辞》，表明了自己要从官场之中退出的决心和志向。

文章中所提到的田园，在陶渊明的潜意识中，应该是人类生命的根，是自由生活的象征。田园快要荒芜了，意味着根的失落，自由的失落。归去来兮，是田园的召唤，也是诗人本性的召唤。这个召唤的声音是那样的强烈，那样的震撼人心，使得诗人归心似箭，迫不及待地乘上小船、迎着轻风，日夜兼程地往家里赶，恼恨晨光熹微，不见归路。

熬过了漫漫长夜之后，终于看到了自家简陋的房子，诗人高兴得竟然跑着回家。儿女们在门口迎候，庭院中的小路已渐荒芜，只有自己所种的松菊依然傲立于荒园之中，使诗人感到欣慰无比。抱着最小的孩子走进屋里，看见酒樽里已经倒满了酒，这分明是妻子的一片柔情。诗人取酒自斟自饮，看着家中的一切，心里感到踏实、安宁。

归隐之后的陶渊明每天都做些什么呢？从他归隐之后所作的诗文中，我们可以得知，此时的诗人忙于耕种、交游、饮酒，过着自给自足、悠然自得的生活。

归隐之初，诗人"开荒南野际，守拙归田园"（《归园田居·其一》）。然后诗人又利用"方宅十余亩"，盖起了"草屋八九间"，还在房后种植柳树、榆树，房前栽桃树、李树。诗人这只长久被关在笼中的鸟儿，终于随心随性，复归自然了。

从那以后，诗人便开始了耕种生活，在《归园田居·其三》中，诗人写道：

种豆南山下，草盛豆苗稀。晨兴理荒秽，带月荷锄归。道狭草木长，夕露沾我衣。衣沾不足惜，但使愿无违。

诗人在南山下种豆，因为杂草旺盛，豆苗稀少，他便一早起来就去铲除杂草，到了晚上才扛着锄头回来。艰苦的农耕生活并没有使诗人灰心丧气，诗人反而因为这种生活没有违背归隐的初衷而心情坦然。

为了更好地进行农耕，诗人还和村中的农民交往、聊天、请教经验。而这种生活，让诗人深深地陶醉其中了！

饮酒是陶渊明最大的嗜好。他每天都离不开酒，而且他的诗句中，几乎篇篇都有酒,他甚至还专门写了二十首《饮酒》诗。如"漉我新熟酒,只鸡招近局"(《归园田居·其五》),"欲言无予和,挥杯劝孤影"(《杂诗十二首·其二》)等等。

陶渊明嗜酒成癖,世人皆知。江州刺史王弘久慕其盛名,千方百计地想要结识他,却总也请不到他。有一次,陶渊明去庐山游玩,王弘知道之后,便请陶渊明的老朋友庞通之在半路上备下酒宴邀请他。陶渊明当时正患脚疾,王弘便让他的下属和两个儿子用肩舆抬着他。他们正在路上时,遇见了庞通之,陶渊明欣然下舆,和老朋友推杯换盏。一会儿王弘来了,陶渊明很欢迎他,两人相处得很融洽,后来成了好朋友。

还有一个叫颜延之的人,在浔阳时,与陶渊明有颇深的交情。后来,颜延之做了始安郡,于是他每次路过浔阳时,都要到陶渊明家中去喝酒聊天,并且每次都要喝得酩酊大醉,常常耽误公事。

有一次,颜延之在临走的时候,给陶渊明留下两万钱,于是陶渊明把这些钱全都拿到酒馆里去,以便自己可以随时取酒。

有一年重阳佳节,陶渊明已经九天九夜滴酒未沾了,于是就到屋外的菊花丛中呆坐着,摘菊盈把,品其芬芳,以此来排解无酒可饮的痛苦。陶渊明偶一抬头,遥望远处,看见一个穿着白色衣服的小吏走过来,原来是江州刺史王弘派人来给他送酒的,不禁心花怒放,欢喜异常。陶渊明取过酒来,一口气把酒喝完,大醉而归。

陶渊明性格宽厚,只要家里有酒,拜访他的人无论贵贱,他都会拿出酒来与客人开怀畅饮。如果他先喝醉了,他就会告诉客人:"我醉了,想睡觉了,你可以走开了!"由此可见陶渊明的率直和自然。有时,在酒酿熟时,陶渊明会解下头上的葛布漉酒,即给酒过滤。过滤完后,他就重新把葛布戴回头上去,后来人们就用"渊明漉酒"、"漉酒葛巾"来形容嗜酒之深或超脱率真的气度。此外,陶渊明虽然对音律一窍不通,但却有一张无弦琴,每当喝到兴头上时,他便作出抚琴的样子,而且还边"抚"边歌,以表达自己的心情,他说:"但识琴中趣,何劳弦上声!"后人遂以"无弦琴"、"陶琴"表示意趣高雅。

如果这种有酒有朋友、衣食无忧的生活一直持续下去,那陶渊明可以说是"快乐似神仙"了。但是好景不长,由于战乱频繁,加之自然灾害严重,农业歉收,陶渊明的生活极为贫困。在他44岁那年,居所失火,诗人的生活更是每况愈下,连温饱都发生了问题,但他毫不后悔自己的选择。

在元嘉四年(427),陶渊明在贫病交加中死去,享年63岁。

祖冲之

祖冲之，河北省涞源县人，南北朝时期的数学家、天文学家。

他早在欧洲科学家将圆周率的精确值计算到小数点后七位小数的一千多年前，就得出了圆周率在 3.1415926～3.1415927之间的结论，令后人称道不已。

一、兴趣广泛，学习刻苦

祖冲之出生于一个书香门第。他的曾祖父担任侍中的官职。在业余时间进行文学创作，所写小说《志怪》在东晋时期相当有名。他的祖父

祖冲之像

祖昌是南朝的大匠卿，对建筑很在行。他的父亲祖朔之也是一个很有学问的人，年老辞官后还被皇帝任命为"奉朝请"，即随时可以去为皇帝出主意。祖冲之生活在这样的家庭环境中，从小耳濡目染，对科学技术产生了浓厚的兴趣。少年时期，祖冲之就读于"国子学"。"国子学"教育正规，老师水平高，藏书也较多。祖冲之除了老师教的功课门门达到优秀以外，课余时间，他还像海绵一样，在书的海洋里尽情地吮吸着知识的水分。除了对天文学感兴趣之外，他还大量地阅读了数学、机械、文学以及音乐等方面的书籍。

祖冲之读书相当刻苦，这是他周围的人有目共睹的。他学习古人，但却不模仿古人，具有独立创新的精神。

二、青年成才，计算圆周率

由于少年时期的努力，早在青年时期，祖冲之就有了博学多才的名声，很快他被派到一个研学之所——华林学省去做研究工作。在华林学省里，祖冲之又苦读了七八年，涉猎了多种学科的知识，从天文到地理，从数学到文学……只要有兴趣的，他都要研究一番。他坚信，学科之间是能融会贯通的，并不是隔行如隔山。

经过华林学省里的几年学习，祖冲之的学识、能力都达到了一个更

高的层次。正当他跃跃欲试，想大干一番的时候，一纸调令迫使他离开了华林学省。脱离了科研环境，整天事务缠身，这对祖冲之来说，是一件痛苦的事。但是祖冲之在这一段生活很不安定的时期内，仍然继续坚持学术研究。

祖冲之研究学术的态度非常严谨，一方面，他对于古代科学家刘歆、张衡、阚泽、刘徽、刘洪等人的著述都作了深入的研究，充分吸取其中一切有用的东西。另一方面，他又敢于大胆怀疑前人在科学研究方面总结出的结论，并通过实地观察和研究，加以修正补充，从而取得许多极有价值的科学成果。在天文历法方面，他所编制

指南车

指南车最初由张衡发明，祖冲之在前人的基础上进行了改造，使之更精确。

的《大明历》，是当时最精密的历法。在数学方面，他推算出准确到小数点后七位小数的圆周率，成为当时世界上最早推出此结果的科学家。

南朝宋末年，祖冲之回到建康（今南京），担任谒者仆射之职。从这时起，直到南朝齐初年，他花了较大的精力来研究机械制造，重造指南车，发明千里船、水碓磨等等，做出了出色的科技贡献。

三、改革历法，坚持真理

宋大明六年（462），祖冲之把精心编成的《大明历》送给朝廷，请求公布实行。宋孝武帝命令懂得历法的官员对这部历法的优劣进行讨论。在讨论过程中，祖冲之遭到了以戴法兴为代表的守旧势力的反对。祖冲之为了坚持自己的正确主张，理直气壮地同戴法兴展开了一场激烈的辩论。在祖冲之理直气壮的驳斥下，戴法兴无言可辩，就蛮不讲理地说：

"新历法再好也不能用。"祖冲之并没有被戴法兴这种蛮横态度吓倒,仍坚决地表示:"决不应该盲目迷信古人,既然发现了旧历法的缺点,又确定了新历法有许多优点,就应当改用新的。"

在这场大辩论中,许多大臣被祖冲之精辟透彻的言辞说服了,但是他们因为畏惧戴法兴的权势,不敢替祖冲之说话,最后有一个叫巢尚之的大臣出来对祖冲之表示支持。宋孝武帝终于同意采用祖冲之编著的《大明历》。

四、其他成就

祖冲之也制造了很有用的劳动工具。他看到劳动人民舂米、磨粉很费力,就创造了一种粮食加工工具,叫做水碓磨。古代劳动人民很早就发明了利用水力舂米的水碓和磨粉的水磨。西晋初年,杜预曾经加以改进,发明了连机碓和水转连磨,一个连机碓能带动好几个石杵一起一落地舂米;一个水转连磨能带动八个磨同时磨粉。祖冲之又在这个基础上进一步加以改进,把水碓和水磨结合起来,生产效率就更加提高了。有的加工工具,现在我国南方有些农村还在使用着。

祖冲之也设计制造过一种船,它可能是利用轮子激水前进的原理造成的,一天能行100多里。祖冲之还根据春秋时代文献的记载,制了一个欹器,送给齐武帝的第二个儿子萧子良。欹器是古人用来警诫自满的器具。器内没有水的时候,是侧向一边的。里面盛水以后,如果水量适中,它就竖立起来;如果水满了,它又会倒向一边,把水泼出去。这种器具,晋朝的学者杜预曾试制三次都没有成功,却被祖冲之仿制成功了。由此可见,祖冲之对各种机械都有深刻的研究。

祖冲之的成就不仅限于自然科学方面,他还精通乐理,对于音律很有研究。此外,祖冲之还著有《易义》、《老子义》、《庄子义》、《释论语》等关于哲学的书籍,现都已经失传了。

祖冲之不仅是我国历史上杰出的科学家,而且在世界科学发展史上也有崇高的地位。祖冲之创造"密率",是世界闻名的。祖冲之在天文、历法、数学以及机械制造等方面的辉煌成就,充分表现了我国古代科学的高度发展水平。

李世民

唐太宗李世民,唐朝第二个皇帝,政治家、军事家、书法家、诗人。他的名字的意思是"济世安民"。汉族,陇西成纪(今甘肃天水)人,祖籍赵郡隆庆(今邢台市隆尧县)。唐朝建立初期,封秦王,立下赫赫战功。即帝位后,积极听取群臣的意见,努力学习文治天下,成功转型为中国史上最出名的政治家与明君之一。他经过主动消灭各地割据势力,虚心纳谏、在国内厉行节约、使百姓休养生息,终于使得社会出现了国泰民安的局面,开创了历史上著名的"贞观之治",为后来实现"开元盛世"奠定了重要的基础,将中国传统农业社会推向鼎盛时期。

一、苦练本领，助父建唐

李世民出生在陕西武功的一个贵族家庭，李氏家族是当地的贵族集团之一。李世民出生时，其父李渊历任刺史、太守以及殿内少监、卫尉少卿等重要职务。

李世民从小就开始习艺练武。他善于骑马，喜欢射箭，且机智果敢，胆识过人。李世民还熟读兵书，经常引用《孙子兵法》里的话和父亲讨论排兵布阵的策略。由于李世民年轻有谋，所以交结和网罗了不少英雄豪杰。

李渊对这个出色的儿子非常喜爱。615年，隋炀帝巡查北方要塞时，遭突厥始毕可汗几十万骑兵袭击，被围困在雁门，18岁的李世民就在这时应募入伍。在这次解围战中，李世民初露过人的军事才华。617年，李渊父子在晋阳发动兵变，公开举起了反隋的旗帜。兵变胜利后，李渊即封李世民为"敦煌公"。同年11月，李世民南下霍邑，围困河东，攻克了长安。618年，李渊在长安称帝，改国号为唐，定年号为武德，建立了唐王朝，李建成被封为太子，李世民被封为秦王。

二、赫赫战功，夺得帝位

唐朝的建立并不等于全国的统一，事实上当时正是各派军事势力分裂与混战的高峰期。李渊在称帝之后就不便于亲征了，而太子李建成也要在长安辅佐父亲处理政务，这样，平定各方势力、统一全国便成了李世民不可推卸的责任。二十来岁的李世民勇敢地挑起了这副重担，前后用了十年多的时间完成了这项艰巨的统一任务。李世民的统一战争包括三部分，一是平定薛举父子，二是击溃刘武周，三是打败王世充和窦建德。

李世民指挥作战有一套谋略，后人对此进行了总结：坚壁挫锐；准确利用骑兵,在敌后反击;勇追穷寇;亲自侦察,部署作战计划等。另外,李世民作战时身先士卒,休息时与将士同吃同行,同甘共苦,他的这一举动起到了鼓舞士气的作用,这对于取得战役的胜利至关重要。

李世民在统一战争中取得的胜利为他以后的统治奠定了基础。626年4月,李世民通过"玄武门之变"夺取了帝位。执政以后,他很快调整了中央集团和政府机构的用人制度,组成了以自己为首的最高决策集团,开始了对唐朝为时23年的统治。

三、文治武功,贞观之治

唐太宗即位后,居安思危,任用贤良,虚心纳谏,实行轻徭薄赋、疏缓刑罚的政策,并且进行了一系列政治、军事改革,终于促成了社会安定、生产发展的升平景象,史称"贞观之治"。

贞观四年(630)三月,唐将李靖、李绩大败突厥,俘其颉利可汗,东突厥灭亡,唐朝的版图扩大到了今天的贝加尔湖以北,原属突厥的部落有的北附薛延陀,有的西奔西域,其余投降唐朝的尚有十多万人。如何处理这十多万突厥降众,唐太宗召集朝臣商议。大多数朝臣认为:北方的游牧民族自古以来就是中原地区的严重边患,今天有幸将其灭亡,应该将他们全部迁到黄河以南的内地居住,打乱他们原来的部落组织和结构,分散杂居在各个州县,引导他们耕种纺织。这样,就可以使原来桀骜不驯的游牧民族变成易于制伏的内地居民,使塞北之地永远空虚。亦有人提出,少数民族弱则请服,强则叛乱,向来如此,应该将他们驱赶到莽莽草原之上,不可留居内地,以绝心腹之患。只有中书令温彦博力排众议,主张将突厥降众迁居到水草丰美的河套地区居住,保全他们的原有部落,顺从他们的生活习俗,这样既可以充实空虚之地,又可以加强北边的边防力量。最后,还针锋相对地指出:"天子对万事万物,应该像天覆地载一样,无有遗漏。今天突厥在穷困潦倒之时归降于我,能将他们拒之于外而不予接受吗?"唐太宗很赞成温彦博的建议,并补充说:"自古以来都是贵中华而贱夷狄,只有我对他们都是爱之如一的!"于是,他便在河套地区设立了定襄和云中两个都督府,统领突厥降众。对于愿意归附的各级酋长,都拜为将军、中郎将,布列朝廷,五品以上的少数民族官员就有一百多人,几乎占到了全部朝臣的一半左右,相继迁入长安居住的有近万家。唐太宗的这个政策,很快便得到了周边很多民族的拥护和爱戴,他们纷纷将唐太宗尊为"天可汗"(意思为"像天一样伟大的领袖"),敬若神明。

李世民的宗室几代都有少数民族的血统,李世民的祖母独孤氏为鲜卑人,皇后的祖先为北魏拓跋氏,后来的唐高宗李治就是长孙皇后所生。由于这一缘故,加上李世民的伟大胸襟,唐初并不过分歧视少数民族。

平定突厥之后,太宗继续平定西域,先后多次用兵。贞观八年(634),吐谷浑寇边,太宗派李靖、侯君集、王道宗等出击,次年,吐谷浑伏允可汗逃入沙漠,后为国人所杀,太宗另立吐谷浑国王。贞观十三年(639),太宗以高昌王曲文泰西域朝贡,遂命侯君集、薛万彻等率兵伐高昌。次年,高昌王病死,其子智盛继位,投降唐朝。太宗于是在高昌首府交河城置安西都护府,西域各国皆到长安朝贡。

贞观十五年(641)正月,唐太宗在吐蕃(今青藏高原)赞普(即君长)松赞干布的多次请求下,答应将宗室之女文成公主嫁给他,并派礼部尚书、江夏王李道宗护送公主入藏。松赞干布闻讯大喜,亲自从首都逻些(今西藏拉萨)来到河源(今青海鄂陵湖西),以子婿之礼接见李道宗。他看到中国的华丽服装和壮观的仪仗,十分羡慕。从此,吐蕃和唐朝结为甥舅关系,相互学习,友好相处。

唐太宗最初立长子李承乾为太子,后来又爱重第四子魏王李泰,李承乾由此产生了夺嗣之惧,企图发动政变刺杀李泰,没有成功,被废为庶人。唐太宗为防止身后发生兄弟仇杀的悲剧,贬魏王李泰,改立第九子晋王李治为太子，即以后的唐高宗。

贞观十九年（645）二月，唐太宗以高丽执政泉盖苏文弑主虐民为由，亲率六军，从洛阳北进，率兵攻打高丽。但东渡辽水以后，由于遭到高丽的顽强抵抗，唐军在安市城（今辽宁海城南营城子）久攻不克，加之气候转冷，草枯水冻，粮草不继，兵马难以久留，只得下诏班师。

唐太宗在位期间，除政治、军事方面有卓越成就外，在社会、文教方面都有更张。在社会方面，太宗鉴于士族仍然垄断高官之途，为了平抑门第，为国家提供更多人才，太宗一方面命高士廉选《士族志》，以"立功、立德、立言"为标准，重新评估士族，无功德者一律除名；另一方面，承袭隋代的科举制度，以延揽人才。

为了提供优良教育的环境，唐太宗建立了以国子监为首的京师学。包括在高祖时建立的国子学、太学、四门学，太宗时建立的律学和书学，增建校舍，足以容纳二千名学生学习。又设弘文馆，专门供皇族及高级官员子弟入读，一时文教之风大盛，四夷君长都遣子弟来长安学习。

同时，唐太宗又注重编修书籍和历史，命令搜求民间死去学者的遗书。隋末，在洛阳的隋代藏书在运往长安途中都沉没于黄河，剩余的只有 14000 部，约 9 万卷，但到太宗成立弘文馆，其中就藏书 20 多万卷；太宗又认为南北朝时期经学分为南北两学，经学纷纭，于是命孔颖达加以整理，颁为《五经定本》，是为《五经正义》的稿本，为科举考试提供了基本。史学方面，太宗立国史馆，编选南北朝及隋朝历史，一方面以示唐室正统。另一方面从中汲取历史教训。

贞观二十二年（648），唐太宗将他撰写的《帝范》十二篇颁赐给太子李治，并对其谆谆告诫说："你应当以古代的圣哲贤王为师，像我这样，是绝对不能效法的。因为如果取法于上，只能得其中；要是取法于中，就只能得其下了。我自从登基以来，所犯过失是很多的，锦绣珠玉不绝于前，宫室台榭屡有兴作，犬马鹰隼无远不致，行游四方供顿烦劳。所有这些，都是我所犯的最大过失,千万不要把我作榜样去效法。"

唐太宗还在《帝范》一书中总结了他一生的政治经验,也对自己的功过进行了评述。贞观二十三年(649),唐太宗病危,令长孙无忌、褚遂良在其身后辅佐李治。去世后,唐太宗葬于昭陵。

玄 奘

玄奘,俗姓陈,名祎,河南洛阳洛州缑氏县(今河南省偃师市南境)人。唐朝著名的三藏法师,佛教唯识宗创始人,他是中国著名古典小说《西游记》中心人物唐僧的原型,是汉传佛教史上最伟大的译经师之一。

玄奘是我国唐代著名的佛教哲学理论家和佛教翻译家,他历经千难万险到印度取经,回国后致力于佛教教义的研究和佛经翻译工作,为中国乃至世界佛教的发展做出了巨大的贡献。

一、学习佛法，精益求精

玄奘 13 岁的时候在净土寺剃度为僧，开始学习佛法。玄奘 17 岁的时候，隋灭唐立，玄奘兄弟为了躲避战乱，到了成都定慧寺，向道基、宝暹法师学习《摄大乘论》、《毗昙》等。玄奘 21 岁时任成都受持 227 条戒及诸礼仪，并在此学律。后与二哥分别，来到荆州天皇寺，在此讲《摄大乘论》和《毗昙》各三遍。可是，成都毕竟是个相对闭塞的地方。在成都住了 5 年之后，求知欲极强的玄奘终于决定离开这里，到各地去访求良师益友。玄奘到赵州向深法师学习《成实论》，627 年入长安大觉寺，向岳法师学习《俱舍论》。

玄　奘

10 年之后，玄奘已经访遍了国内的名师，精通了许多佛教典籍。可是学问越广博，玄奘的疑问也就越多，而当时的大师们，各有各的师承，对教义的解释各不相同。国内的佛教典籍也很少，翻译得也不够精确。玄奘深刻地认识到，要想彻底解决自己的疑问，就必须到佛教的发源地印度去求取佛法和真经。于是，在 627 年，玄奘踏上了西去印度的万里征程。

二、西天取经、历经磨难

玄奘离开长安后，到达凉州。当时的律法规定，和尚不能擅自离境，他在慧威法师的帮助下从凉州逃到瓜洲。然而此时朝廷缉拿玄奘的通牒已经到了西行必经之地——玉门关，幸亏把守玉门关的校尉是一位佛教信徒，在他的指导下，玄奘终于通过了重重关卡，出了国境。

玄奘去印度的途中，独自一人进入了茫茫戈壁。玄奘走了一百多里，却始终没有找到水源，还失手把装水的皮囊打翻了。在这种情况下，玄奘毅然决定：宁可西行而死，绝不东还求生。于是，他继续向西行进，越过戈壁滩,进入大沙漠。他顶着风沙,忍着干渴,终于走出戈壁沙漠地带,到了伊吾。

玄奘在伊吾得到了高昌国王的盛情邀请,只好绕路去了高昌。高昌国王对来自故乡的玄奘尊敬非常,利用各种手段想把他留下来。可是玄奘心意已决,竟用绝食来表示自己的决心。三天之后,玄奘已经奄奄一息了。高昌国王终于被他的精神感动,为他准备了足够二十年用的衣物、金银等,派了数名杂役,侍奉玄奘。玄奘告别高昌国王,一路翻山越岭,风餐宿露,历经无数艰难险阻,终于到达了北印度边境。

玄奘入境后,到了他仰慕已久的那烂陀寺,拜戒贤为师,潜心研究佛法。640年,戒贤法师让玄奘主持全寺的讲会,他的讲解使印度人心悦诚服。

三、取经归来,翻译佛经

贞观十九年(645)正月,玄奘法师经过长途跋涉,回到长安。从他出发到归来,已整整十八年了。太宗亲自出迎,赐坐畅谈,殷勤慰劳,并一再劝他还俗做官,他都坚决地拒绝,表示决心从事翻译事业。

玄奘法师回来后,奉命口述,由辩机笔录了一部《大唐西域记》(本书已成研究古代西域及印度唯一重要著作),详细叙述西域和印度各国的政治、社会、风土、人情等。玄奘摆脱了一切俗务,专心于翻译事业。他先后住在长安弘福寺和大慈恩寺从事翻译工作。唐朝为提倡这件大事,曾命各地举荐通达经典的人,做他的助手。当时被荐译经的大德有沙门灵洞、道深、道因等12人;长于文辞的大德有沙门道宣、慧立等9人;长于字学的大德有沙门玄应;精通梵语梵文的大德有沙门玄谟。此外还有担任抄写事务等,共计50余人。后来唐太宗又派于志宁、许敬宗、薛元超等润色译文,范义硕、郭瑜、高若思等帮助翻译,由玄奘法师主持这一规模宏大的翻译机构。

玄奘法师先后用了19年时间(645—664)致力于翻译工作,直到去世前不久才停止,共译出菩萨藏经及《瑜伽师地论》等经典75部,计1330卷。

玄奘法师精通梵文和中文,此项工作创造了他翻译事业上空前伟大的成就。在他以前,中国对于佛经的翻译最初是"口授",后来是"笔授"不附原文,或懂得原文而译得不成熟,自玄奘法师翻译佛经始,才是中国佛经翻译事业真正的开始。

玄奘法师的翻译态度极为谨严,当翻译《大般若经》时,梵文有20万颂,文字过于冗长,同事屡请删略,他本有接受之意,后因想到像鸠摩罗什法师那样的除繁去重,总不妥帖,还是一字不遗地把它译出来了,当时正流行晦涩难懂的骈文体,玄奘法师却毅然采用了朴素的通俗文体,因此,他的翻译不仅真实传达了佛教的内容,同时也影响到唐代文体的改革。

玄奘法师不仅把佛经译成中文,据说还曾把中国老子的著作部分译成了梵文。所以,玄奘法师不仅是古代中国最优秀的翻译家,更是古代中国第一个把中文著作介绍到外国去的文学家。

唐高宗麟德元年,玄奘法师圆寂于长安的西明寺,享年69岁。在他生命的最后几年,因劳苦过甚,身体已十分衰弱,但他不肯休息,仍然努力译经,终致积劳不起。

玄奘法师的一生,恭谨好学,专心学术,不骄不谄,行藏合时,深受佛教徒和非佛教徒的崇敬。

玄奘不仅是我国佛教学界负有崇高声望的大家,而且是中国古代最优秀的翻译家,是中国历史上最富于冒险的且勇于克服困难的、在沟通中印文化上最有贡献的一个人。

李 白

李白,字太白,号青莲居士,是我国唐代的伟大诗人。其诗风雄奇豪放,想象丰富,语言流转自然,音律和谐多变。他善于从民歌、神话中吸取营养和素材,构成其特有的瑰丽绚烂的色彩,是屈原以来积极浪漫主义诗歌的新高峰。

一、好任侠，喜纵横

李白于武则天长安元年（公元701年）出生于西域的碎叶城，五岁时随家人定居于昌隆（今四川江油县）的青莲乡。

李白年少时，好任侠，且喜纵横。昌隆所在的绵州地区，自汉末以来，便是道教活跃的地方。因此，李白常去戴天山寻找道观的道士谈论道经。

据说后来，他与一位号为东岩子的隐者隐居于岷山，潜心学习，多年不进城市。

当时有名的纵横家赵蕤也是李白的好友，此人于开元四年（716）就著成了《长短经》十卷。那时的李白才16岁。赵蕤这部博考六经异同、分析天下形势、讲求兴亡治乱之道的著作引起了李白的极大兴趣。于是他以后一心要建功立业，喜谈王霸之道，也正是受到这部书的影响。

二、仗剑远游

开元十三年（725），李白离开蜀国，"仗剑去国，辞亲远游"。他乘舟沿江出峡，渐行渐远，家乡的山峦逐渐隐没无法辨认了，只有从三峡流出来的水仍跟随着他，推送着他的行舟，把他送到一个陌生而又遥远的城市中去。

李白到了江陵，他没有想到在江陵会有一次不平凡的会见，他居然见到了受三代皇帝崇敬的道士司马祯。

天台道士司马祯不仅学得一整套的道家法术，而且写得一手好篆，诗也飘逸如仙。玄宗对其非常尊敬，曾将他召至内殿，请教经法，还为他造了阳台观，并派胞妹玉真公主跟随其学道。

李白能见到这个备受恩宠的道士，心里自然十分开心，还送上了自己的诗文供其审阅。李白器宇轩昂，资质不凡，司马祯一见便已十分欣赏，等到看了他的诗文之后，更是惊叹不已，称赞其"有仙风道骨，可与神游八极之表"。因为他看到李白不仅仪表气度非凡，而且才情文章也超人一等，又不汲汲于当世的荣禄仕宦，这是他几十年来在朝野都没有见过的人才，所以他用道家最高的褒奖的话赞美他，说他有"仙根"，即有先天成仙的因素，与后来贺知章赞美他是"谪仙人"的意思差不多，都是把他看做非凡之人。这便是李白的风度和诗文的风格给予人的总的印象。

李白被司马祯如此高的评价之后欢欣鼓舞。他决心去追求"神游八极之表"这样一个永生的、不朽的世界。兴奋之余，他写成大赋《大鹏遇希有鸟赋》，以大鹏自喻，夸写大鹏的庞大迅猛。这是李白最早名扬天下的文章。

从江陵起，他开始了他鹏程万里的飞翔。

李白自江陵南下，途经岳阳，再向南去，便到了此行的目的地之一洞庭湖。可是正当泛舟洞庭时，发生了一件不幸的事情，李白自蜀同来的旅伴吴指南暴病身亡。李白悲痛万分，他伏在朋友的身边，号啕大哭，由于他哭得过于伤痛，路人听到了都为之伤心落泪。旅途中遇到这样的不幸，真是无可奈何，李白只好把吴指南暂时葬于洞庭湖边，自己继续东游，决定在东南之游结束后再来重新安葬朋友的尸骨。

李白来到庐山后，在此写下了脍炙人口的《望庐山瀑布》诗。

此后，李白到了六代古都金陵。此地江山雄胜，虎踞龙盘，六朝宫阙历历在目。这既引起李白许多感慨，也引起了他对自己所处时代的自豪感。他认为昔日之都，已呈一片颓废之气，没有什么好观赏的了，根本不及当今皇帝垂拱而治、天下呈现出的一片太平景象。

金陵的霸气虽已消亡，但金陵的儿女们却饱含深情地接待李白。当李白告别金陵时，金陵子弟殷勤相送，频频举杯劝饮，离别之情如东流的江水，流过了人们的心头，使人难以忘却。

李白告别金陵后，从江上乘船前往扬州。

扬州是当时的一个国际大都市。李白从没有见过如此热闹的城市，与同游诸人盘桓了一些时日。到了盛夏，李白与一些年轻的朋友"系马垂杨下,衔杯大道边。天边看绿水,海上见青山",好不自在。到了秋天,他在淮南病倒了。卧病他乡,思绪万千,既感叹自己建功立业的希望渺茫,又深深地思念家乡,唯一能给他一点安慰的,便是远方友人的书信。

李白在淮南病好之后,又到了姑苏。这里是当年吴王夫差与美女西施日夜酣歌醉舞的地方,李白怀古有感,写了一首咏史诗《乌栖曲》。这首诗后来得到了贺知章的赞赏,称其"可以泣鬼神矣"。由此可见,李白的乐府诗有时虽袭用旧题,却多别出新意。

李白自越西归,回到了荆门。

在荆门他一呆就是三个月。虽然思乡心切,但事业没有一点成就,他自觉难于回转家园。最后,他决定再度云游。

首先,他再次来到洞庭湖,把吴指南的尸骨移葬到江夏(今湖北武昌)。他在江夏结识了僧行融,又从他那里了解到孟浩然的为人,于是便去襄阳拜见孟浩然,由此写下了著名的五律诗《赠孟浩然》。

不久,李白来到安陆,在小寿山中的道观住了下来。然而,隐居于此并非长久之计,他仍想寻找机会,以求仕进。在隐居寿山时,李白以干谒游说的方式结交官吏,提高自己的声誉。

李白的文才得到了武后时宰相许圉师的赏识,便将其招为女婿。李白与夫人许氏在离许家较近的白兆山的桃花岩下过了一段幸福美满的婚姻生活。但是美好的夫妻生活并没有使李白外出漫游以图功业的心志有所减退。他以安州妻家为根据地,再次出游,并结识了一些官吏和贵公子,并于开元二十二年(734),谒见荆州长史兼襄州刺史韩朝宗。

三、一进长安

封建时期的帝王常在冬天狩猎。玄宗即位后,已有过多次狩猎,每次都带外国使臣同去,耀武扬威,以此来震慑邻国。开元二十三年(735),玄宗又一次狩猎,正好李白也在西游,借此献上《大猎赋》,希望能博得玄宗的赏识和提拔。

他的《大猎赋》希图以"大道匡君,示物周博",而"圣朝园池遐荒,殚穷六合",幅员辽阔,境况与前代大不相同,夸耀本朝远胜汉朝,并在结尾处宣讲道教的玄理,以契合玄宗当时崇尚道教的心情。

李白此次西来的目的是献赋,另外,也趁此机会游览一下长安,领略这座"万国朝拜"的京都风光。他居住在终南山脚下,常登临终南山远眺。当他登上终南山的北峰时,眼前呈现出泱泱大国的风貌。他深感生在这样的国家是幸运的,因此颇有自豪之感。可一想到这发达的帝国内部已产生了腐朽的因素,他的情绪又受到打击。

李白自进长安后结识了卫尉张卿,并通过他向玉真公主献了诗,最后两句说"何时入少室,王母应相逢",是祝她入道成仙。李白还在送张卿的诗中陈述了自己景况很苦,希望引荐,愿为朝廷效力。由此,他一步步地接近了统治者的上层。

李白这次在长安还结识了著名诗人贺知章,他早就拜读过贺老的诗,这次相遇,自然立刻上前拜见,并呈上袖中的诗本。贺知章颇为欣赏《蜀道难》和《乌栖曲》,兴奋地解下衣带上的金龟叫人出去换酒与李白共饮。李白瑰丽的诗歌和潇洒出尘的风采令贺知章惊异万分,竟说:"你是不是太白金星下凡到了人间?"

一年眼看即逝,李白仍然作客长安,没有机会出任,心情便有些沮丧。好友诚意相邀,希望他同去嵩山之阳的别业幽居,但李白无意前往。这次去长安,抱着建功立业的理想,却毫无着落,这使李白感到失望并有点愤懑。向王公大人门前干谒求告,也极不得意,只有发出"行路难,归去来"的感叹,便离开了长安。

四、翰林供奉

天宝元年(742),由于玉真公主和贺知章的交口称赞,玄宗看了李白的诗赋之后,对其十分仰慕,便召其进宫。李白进宫朝见那天,玄宗降辇步迎,"以七宝床赐食于前,亲手调羹"。

玄宗问到一些当世事务,李白凭半生饱学及长期对社会的观察,胸有成竹,对答如流。玄宗大加赞赏,随即令李白供奉翰林,职务是草拟文告,陪侍皇帝左右。

玄宗每有宴飨或郊游,必命李白随从,利用他敏捷的诗才,赋诗纪实。虽非记功,也将其文字流传后世,以盛况向后人夸示。李白受到玄宗如此的宠信,同僚们不无羡慕,但也有人因此心怀嫉恨。

天宝初年,每年冬天玄宗都会带着酋长、使臣去温家狩猎,李白自然侍从同去,当场写赋赞美玄宗的盛德,歌颂朝廷威力,深得玄宗赏识。此时,玄宗宠爱杨玉环,每与她在宫中玩乐时,玄宗都要李白写些行乐词,谱入新曲歌唱。李白怀着"长揖蒙垂国士恩,壮士剖心酬知己"的心情,竭尽才思来写这些诗。

在长安时,李白除了供奉翰林、陪侍君王之外,也经常在长安市井上行走。他发现国家在繁荣昌盛的景象中,正蕴藏着深重的危机。那便是最能够接近皇帝的专横的宦官和骄纵的外戚。他们的所作所为给李白以强烈的压抑感。

与此同时,李白放浪形骸的行为又被翰林学士张珀所诽谤,两人之间产生了一些裂隙。宦官和外戚的受宠,使李白"大济苍生"的热情骤然凉了下来,自己虽在长安,但却没有施展自己管、晏之术的机会。

朝廷的腐败,同僚的诋毁,使李白万分感慨,他写了一首《翰林读书言怀呈集贤诸学士》,表示有意归隐。谁知就在此时,他被朝廷赐金放还,这似乎让李白感到非常意外。这次被赐金放还似乎是李白说了不合时宜的话。

五、再次远游

天宝三年(744)的夏天,李白到了东都洛阳。在这里,他遇到正在蹭蹬不遇的杜甫。中国文学史上最伟大的两位诗人相遇了。此时的李白已名扬全国,而杜甫则风华正茂,却困守洛城。李白比杜甫年长十一岁,但他并没有以自己的名声在杜甫面前居功自傲；而"性豪业嗜酒"、"结交皆老苍"的杜甫，也没有在李白面前一味低头称颂。两人以平等的身份，建立了深厚的友谊。在洛阳时，他们约好下次在梁宋（今开封商丘一带）会面，共同访道求仙。

这年秋天，两人如约到了梁宋。两人在此抒怀遣兴，借古评今。他们还在这里遇到了诗人高适，而高适此时却还没有禄位。然而，三人各有大志，理想相同。三人畅游甚欢，评文论诗，纵谈天下大势，都为国家的隐患而担忧。此时的李杜都值壮年，此次两人在创作上的切磋对他们今后产生了积极的影响。

这年的秋冬之际，李杜又一次分手，各自寻找道教的师承去造真箓（道教的秘文）、授道箓了。李白到齐州（今山东济南一带）紫极宫清道士高天师如贵授道箓，从此他算是正式履行了道教仪式，成为道士。然后李白又赴德州安陵县，遇见这一带善写符箓的盖寰，为他造了真箓。此次的求仙访道，李白得到了完满的结果。

天宝四年（公元 745 年）秋天，李白与杜甫在东鲁第三次会见。短短一年多的时间，他们两次相约，三次见面，知交之情不断加深。他们曾经一起寻访隐士高人，也偕同去齐州拜访过当时驰名天下的文章家、书法家李邕。就在这年冬天，两人再次分手，李白准备重访江东。

李白离开东鲁之后，便从任城乘船，沿运河到了扬州。由于急着去会稽会见元丹丘，也就没有多滞留。

到了会稽，李白首先去凭吊过世的贺知章。不久，孔巢文也到了会稽，于是李白和元丹丘、孔巢文畅游禹穴、兰亭等历史遗迹，泛舟静湖，往来剡溪等处，徜徉山水之中，即兴描写了这一带的秀丽景色。

在金陵，李白遇见了崔成甫。两人都是政治上的失意者，情怀更加相投。他们泛舟秦淮河，通宵达旦地唱歌，引得两岸游人不胜惊异，拍手为他们助兴。两人由于性格相投、遭遇相似，所以较之一般朋友更为默契，友谊更深厚，因而李白把崔成甫的诗系在衣服上，每当想念，便吟诵一番。

李白在吴越漫游了几年，漂泊不定。

到了幽燕之后，李白亲眼看到安禄山秣马厉兵，形势已很危急，自己却无能为力。在安史之乱前两三年，李白漫游于宣城、当涂、南陵、秋浦一带，仍然衣食依人，经常赋诗投赠地方官，以求帮助。

在此次漫游期间，李白因夫人许氏病亡，又娶宗氏。家庭多变，国家多事，李白一面求仙学道，一面企图为国建功，对于国家安危，仍很关切，虽在漫游，但已与过去有所不同。

六、病逝途中

天宝十四年，安史之乱爆发，李白便避居庐山。那时，他的胸中始终有着退隐与济世两种矛盾的思想。永王李璘恰在此时出师东巡，李白应邀入幕。

李白入幕后，力劝永王勤王灭贼，而对于政治上的无远见，他也作过自我批评和检讨。同在江南的萧颖士、孔巢文、刘晏也曾被永王所邀但却拒不参加，以此免祸，李白在这点上显然不及他们。

永王不久即败北，李白也因此被系浔阳狱。这时崔涣宣慰江南，搜罗人才。李白上诗求救，夫人宗氏也为他啼泣求援。将吴兵三千驻扎在浔阳的宋若思，把李白从牢狱中解救出来，并让他加入了幕府。因此李白成为宋若思的幕僚，为宋写过一些文表，并跟随他到了武昌。李白在宋若思幕下很受重用，并以宋的名义再次向朝廷推荐，希望再度能得到朝廷的任用。但不知什么原因，后来不但未见任用，反而被流放夜郎（今贵州梓潼），完全出乎意料。因为当时永王幕下的武将都得到了重用。事情之所以发生变故，可能与崔涣、张镐这批人的失势有关。

至德二年（757）冬，李白由浔阳道前往流放之所——夜郎。因为此次所判的罪是长流，即将一去不返，而李白此时已近暮年，"夜郎万里道，西上令人老"，不由更觉忧伤。

由于李白当时在海内素负盛名，此行沿路受到地方官员的宴请，大家都很尊重他，并没有把他看做一个被流放的罪人。

乾元二年(759)，李白行至巫山，朝廷因关中遭遇大旱，宣布大赦，规定死者从流，流以下完全赦免。这样，李白经过长期的辗转流离，终于获得了自由。他随即顺着长江疾驶而下，而那首著名的《早发白帝城》最能反映他当时的心情。

到了江夏，由于老友良宰正在当地做太守，李白便逗留了一阵。乾元二年，李白应友人之邀，再次与被谪贬的贾至泛舟赏月于洞庭之上，发思古之幽情，赋诗抒怀。不久，又回到宣城、金陵旧游之地。差不多有两年的时间，他往来于两地之间，仍然依人为生。上元二年，已六十出头的李白因病返回金陵。在金陵，他的生活相当窘迫，不得已只好投奔了在当涂做县令的族叔李阳冰。

上元三年(762)，李白病重，在病榻上把手稿交给了李阳冰，赋《临终歌》而与世长辞，终年62岁。

杜 甫

杜甫,字子美,自号少陵野老,汉族,巩县(今河南巩义)人。杜甫曾祖父(杜审言父亲)起由襄阳(今属湖北)迁居巩县(今河南巩义)。盛唐时期伟大的现实主义诗人。他忧国忧民,人格高尚,他的约1500首诗歌被保留了下来,诗艺精湛,他在中国古典诗歌中的影响非常深远,被后世尊称为"诗圣",他的诗也被称为"诗史"。杜甫与李白合称"李杜",为了与另两位诗人李商隐与杜牧即"小李杜"区别,李白与杜甫又合称"大李杜"。

一、勤奋学习、结交名士

　　杜甫出生在一个封建官僚家庭里,杜甫生后,他的家景已不如往昔,然而,这个有着悠久传统的官宦世家,仍具备让杜甫接受良好教育的条件和环境。杜甫的祖父杜审言为人正直,是武后朝中最著名的诗人,他的诗品和人品都对杜甫有着直接的影响,被认为是杜甫的家学渊源。杜甫从小就接触到了家庭传统教育:一是要做官,二是要写诗。做官要经世济民,写诗要抒发胸臆,这就为杜甫的人生追求定下了目标。少年时的杜甫就开始勤奋地写作,与当时有文才的李峤、崔融、苏味道一起,被称为"文章四友"。

　　杜甫少年时居住的洛阳城,是唐朝当时的政治文化中心之一,名人学士荟萃。杜甫以文会友,结交了许多比他年龄大得多的名人,受到他们的赏识,因而在文坛崭露了头角。他时常将自己写的诗文投献给老一辈的文人,请求指教。当时的洛阳名士崔尚、魏启心,精通音律的歧王李范和唐玄宗的宠臣崔涤都给了杜甫不少指点,使他的眼界变得越来越开阔,然而,他并不满足,常常还在大人的援引下去拜访当时的名人。

二、辞亲远游,幸会李白

　　从玄宗开元十九年(731)至天宝四年(745),杜甫进行了两次长期的漫游。第一次是在江南一带,他到过金陵、姑苏等地,江南的景物和文化给他留下深刻的印象。开元二十三年,杜甫回洛阳应进士考试,未被录取。次年他又在齐赵一带开始了第二次漫游。他在这次漫游,看到祖国秀丽雄伟的山川,吸取了山东的文化,扩大了眼界,丰富了见闻。此间,他在天宝三年与李白相遇,二人畅游齐鲁,访道寻友,谈诗论文,议论时事,结下深厚的友谊。

　　这时唐王朝还算强盛,可是唐玄宗开始好大喜功,开拓边疆,消耗了大量人力物力,社会上已经隐伏着不安定的危机。杜甫对此有所预感,但并未正视。他在这时期写的诗只有二十几首流传下来,主要是五言律诗和五言古体诗,其中有《望岳》等不同凡响的作品。

三、流离失所、写实创作

唐玄宗天宝五年(746),35岁的杜甫来到长安,第二年他参加了由唐玄宗下诏的应试,由于奸臣李林甫从中作梗,全体应试者无一人录取。他从此进取无门,过着"朝扣富儿门,暮随肥马尘"的屈辱生活。这也使他看到了下层人民的痛苦和统治阶级的罪恶,从而写出了《兵车行》《丽人行》《赴奉先咏怀》等现实主义杰作。

天宝十四年(755),杜甫得到右卫率府兵曹参军一职,负责看管兵甲仓库。同年,安史之乱爆发,此时杜甫正在奉先(陕西蒲城)探家。第二年,他把家属安顿在富县羌村(陕西境内),只身投奔在灵武(甘肃省)即位的肃宗。途中被叛军所俘,押到沦陷后的长安,这期间他亲眼目睹了叛军杀戮洗劫的暴行和百姓的苦难。直到至德二年(757),他才冒险逃到肃宗临时驻地凤翔(陕西省凤翔县),授官左拾遗。不久因上疏救房琯,被贬为华州司功参军。从此他屡遭贬斥,更深入地了解了百姓的疾苦。耳闻目睹的社会现实,为他创作《春望》《哀江头》《北征》和"三吏三别"等提供了素材,并使他的诗达到了现实主义高峰。

乾元二年(759),杜甫抛官弃职,举家西行,几经辗转,最后到了成都。在严武等人的帮助下,在城西浣花溪畔,建成了一座草堂,世称"杜甫草堂",也称"浣花草堂"。年后,杜甫被严武荐为节都,全家寄居在四川奉节县。两年后,杜甫离开奉节县到江陵、衡阳一带辗转流离。唐代宗大历五年(770),杜甫病死在湘江的一只小船中。在最后漂泊西南的11年间,他虽过着"生涯似众人"的生活,但却写了《茅屋为秋风所破歌》《闻官军收河南河北》《秋兴八首》《岁晏行》等多首诗。

杜甫一生中所经历的时代,是唐朝最为动荡不安的时期,战乱不断,人民流离失所,他的诗歌创作,始终贯穿着忧国忧民这条主线。他的诗具有丰富的社会内容、强烈的时代色彩和鲜明的政治倾向，真实深刻地反映了安史之乱前后一个历史时代政治时事和广阔的社会生活画面，因而被称为一代"诗史"。杜诗风格，基本上是"沉郁顿挫"，语言和篇章结构又富于变化，讲求炼字炼句。同时，其诗兼备众体，除五古、七古、五律、七律外，杜甫还写了不少排律、拗体，艺术手法也多种多样，是唐诗思想艺术的集大成者。杜甫还继承了汉魏乐府"感于哀乐，缘事而发"的精神，摆脱乐府古题的束缚，创作了不少"即事名篇，无复依傍"的新题乐府，对后来的"新乐府运动"产生了积极影响。杜甫忧国忧民，人格高尚，一生写诗 1400 多首，诗艺精湛，被后世尊称为"诗圣"。

白居易

白居易,汉族,字乐天,晚年号香山居士,河南新郑(今郑州新郑)人,我国唐代伟大的现实主义诗人,中国文学史上负有盛名且影响深远的诗人和文学家。他的诗歌题材广泛,形式多样,语言平易通俗,有"诗魔"和"诗王"之称。官至翰林学士、左赞善大夫。有《白氏长庆集》传世,代表诗作有《长恨歌》、《卖炭翁》、《琵琶行》等。白居易故居纪念馆坐落于洛阳市郊。白园(白居易墓)坐落在洛阳城南香山的琵琶峰。

一、乱世流离、高中进士

白居易年幼时,父亲在外做官,只有母亲陈氏对他进行启蒙教育。白居易五六岁时,便开始学着作诗了。9岁时,他已熟知声韵,有些诗名了。可惜,此时的唐王朝接近崩溃边缘,社会动荡不安,这影响了白居易的学业。

白居易11岁时,全家外出避难,一部分人投奔到他父亲的任所徐州,白居易则逃到了越中(今浙江)。在越中,他过了几年颠沛流离的生活,贫病交迫,但是他从来不忘攻读。他自称"昼课赋,夜课书,间又课诗,不遑寝息矣。以至于口舌成疮,手肘成胝。"他立志济世救民,并希望通过科举考试走上仕途,以实现自己的政治理想。

16岁时,白居易不远千里从越中赶到长安,拿着自己的诗作《赋得古原草送别》拜见名士顾况,希望得到顾况的赏识,在都城能有新的发展。当顾况读到诗中的"野火烧不尽,春风吹又生"时,禁不住节击赞赏。但顾况的赏识并没给白居易的取仕带来多少直接的影响,白居易不得不返回越中。

白居易20岁以后,主要是生活在徐州符离。当时那里也是兵荒马乱,白居易的生活很不安定,父亲去世后他守孝3年,直到27岁才参加科举考试,开始自己的"举业"活动。

唐德宗贞元十四年(798)秋天,白居易在宣城参加了乡试,被赏识他的宣州刺史崔衍选送长安应进士考试。贞元十六年(800),28岁的白居易在长安参加进士考试并一举登第。

二、早年创作

由于白居易生性耿直,所以在政治上一生都未得志。抱负不能施展,他便把主要精力倾注在文学方面,尤其致力于作诗。他的代表性名篇《长恨歌》、《观刈麦》、《琵琶行》等就是他早年的创作。

白居易早年的创作主要以写讽喻诗为主,他的讽喻诗直接继承了杜甫的诗歌敢于正视现实、抨击黑暗的优良诗风。在具体写作过程中,白居易努力使自己的诗歌语言更加流畅通俗,生动感人,在雅俗共赏方面下了很大的功夫,也取得了巨大的成功。他所创作的乐府诗,无论是在题材的广阔上,还是在组织结构的复杂上,以及风格的平易近人上,比起前人来都有很大的发展,因而也具有更加广泛的读者群,对社会的影响是非常突出的。其中最著名的讽喻诗要数《秦中吟》10 首和《新乐府》50首。这些诗广泛反映了中唐社会各方面的重大问题,着重描写了现实的黑暗和人民的痛苦。诗中措辞激烈,突破了"温柔敦厚"的诗教传统,在古代批评时政的诗歌中十分突出。

三、勤奋创作,人称"诗魔"

白居易是唐代写诗最多的人,一生共写了将近三千首各种体裁的诗歌,并留下了不少佳作。他是唐代继李白、杜甫之后,又一位在文坛上产生重大影响的大诗人。

《白居易觅句图》

白居易草堂

白居易的诗有一个最大的特点，就是语言通俗易懂，明白晓畅，但同时又经过千锤百炼，作了许多艺术加工。诗坛曾流传老妪亦解白诗的佳话。明代诗论家胡震亨《唐音统签》中曾有宋朝诗人张文潜看到过白居易诗手稿的记载，说"真迹点窜，多与初作不侔"，可知白居易作诗、改诗之刻苦认真。由此可见，白居易的诗达到这样的艺术水平，是他付出了无数辛苦后才获得的。对于自己的创作，白居易在诗中写道："酒狂又引诗魔发，日午悲吟到日西。"因此，后人将他称为"诗魔"。

文成公主

文成公主，唐朝皇室远枝，任城王李道宗之女。汉族。在吐蕃被尊称甲木萨汉公主，吐蕃赞普松赞干布的第二位皇后（第一位皇后来自今尼泊尔）。她聪慧美丽，自幼受家庭熏陶，学习文化，知书达理，并信仰佛教。640年奉唐太宗之命和亲吐蕃，文成公主对吐蕃贡献良多。松赞干布是藏族历史上的英雄，崛起于藏河（今雅鲁藏布江）中游的雅隆河谷地区。他统一藏区，成为藏族的赞普（"君长"之意），建立了吐蕃王朝。唐贞观十四年（640），他遣大相禄东赞至长安，献金五千两，珍玩数百，向唐朝请婚。太宗许嫁宗女文成公主。

一、被封公主

文成公主是唐太宗统治时期礼部尚书、江夏郡王李道宗的女儿,名叫李雪雁。她是个伶俐活泼、端庄美丽的大家闺秀、宗室之女。她自幼学习四书五经、佛典医药,聪颖过人。她一心想摆脱母亲的礼教管束,追求志向高远的未来。

文成公主像

就在李雪雁生活的长安处在安定团结的"贞观之治"之时,唐朝西南部的吐蕃国渐渐强盛起来。634 年,松赞干布成为吐蕃(藏族的祖先)赞普(国王),并很快统一了吐蕃。当唐朝称霸中原时,松赞干布也已称雄雪域高原,建立了统一的吐蕃王朝,并积极谋求与唐朝建立密切联系。

松赞干布对唐朝文化非常仰慕,从 634 年始,他两次派能言善辩、聪明机智的禄东赞出使长安,向唐皇求亲。641 元,唐太宗答应了他的请求,开始在宫中寻找一位通晓诗书的宗室之女,封她为公主,准备和亲。在遴选公主时,唐太宗一眼看中了聪明伶俐的李雪雁,将她册封为下嫁吐蕃的"文成公主"。李雪雁虽然对遥远的吐蕃心存疑虑,却又充满了新奇的向往,因而也就应允了。

唐太宗为文成公主准备了丰厚的嫁妆,其中有各种日用器皿、金银珠宝,绫罗绸缎,还有谷物、果品、蔬菜的种子和大批历史、文学、医药、植树、工程技术、天文历法等书籍。经过两个多月的准备,在李道宗的率领下,一支浩大的送亲队伍护送着文成公主前往吐蕃和亲去了。

二、远行异域,婚姻美满

经过一个多月的艰苦跋涉,文成公主一行到了黄河的发源地——河源。这时,松赞干布亲自率领的大队迎亲人马也赶到了河源。李道宗请出文成公主,与松赞干布相见。只见文成公主身着华美的盛装,神态端庄,气度文雅,原始质朴的吐蕃女子完全不可与她同日而语。这位驰骋高原的吐蕃主顿时为文成公主而倾倒。

送亲和迎亲的队伍前呼后拥、威风八面地进入了逻些(今拉萨)城,在李道宗的主持下,松赞干布与文成公主按照汉族的礼节,举行了盛大的婚礼,全逻些城的民众都为他们的赞普和夫人歌舞庆贺。

为了安顿文成公主,藉慰她的思乡之情,松赞干布大兴土木,按照唐朝建筑的式样和风格建了一座美轮美奂的宫殿。为了与文成公主有更多的共同语言,松赞干布脱下他穿惯了的皮裘,换上文成公主亲手为他缝制的丝质唐装,还努力地向文成公主学说汉语。一对异族夫妻,感情融洽,互爱互敬,开始了他们新的生活。

三、提出建议,促进交流

文成公主以款款柔情善待松赞干布,使得这位生长于荒蛮之地的吐蕃国王深切体会到汉族女性的修养与温情。松赞干布也对文成公主不但备加珍爱,而且对她的一些建议尽量采纳。

文成公主则凭着自己的知识和见地,细心体察吐蕃的民情,然后提出各种合情合理的建议,协助丈夫治理这个地域广阔、民风古朴的国家。而文成公主又不是那种极有权势欲的女人,她参与治国,却从未要求松赞干布给自己一个什么官职;对于吐蕃国的重大政治决策,她只是提出自己的看法,并不强行干涉。因此,松赞干布和大臣们都非常尊敬她,经常向她讨教唐朝的政治制度,以作为他们治国的参考,而广大的吐蕃民众更视她如神明。

文成公主帮助吐蕃人民推行历法,教妇女纺织,还拿出五谷种子及菜籽,教人们种植。另外,文成公主还带来了车舆、马、骡、骆驼以及有关生物技术和医学的著作,促进了吐蕃的社会进步。

韩　愈

韩愈,字退之,汉族,唐河内河阳(今河南孟县)人。自谓郡望昌黎,世称韩昌黎。唐代古文运动的倡导者,宋代苏轼称他"文起八代之衰",明人推他为唐宋八大家之首,与柳宗元并称"韩柳",有"文章巨公"和"百代文宗"之名,著有《韩昌黎集》四十卷,《外集》十卷等等。

一、亲人亡故，逆境求学

韩愈出生在一个官宦世家，其祖上既出过安邦定国的赫赫武将，也有过轰动朝野的锦衣大儒，他们拜相封侯，显赫一时。但是到了韩愈父亲韩仲卿这一代，家道渐渐败落，韩仲卿只做过武昌令等小官。

韩愈出生两个月时，母亲就去世了，父亲也在韩愈3岁时去世。韩愈幼失双亲，由长兄韩会抚养成人。韩愈9岁时，韩会因受宰相元载株连，由起居舍人贬为韶州（今广东韶关）刺史。韩会富有才学，不仅"好谈经济之略，尝以王佐自许"，而且参与了李华、萧颖士等古文运动先驱发起的变革文风的活动。韩会著有《文衡》一文，明确提出了文以致用，文助教化的主张。虽然韩会在韩愈11岁时便病死了，但他对韩愈确定一生的奋斗目标有直接影响。

韩会死后，韩愈的二哥、侄儿相继去世。这些童年的不幸和生活的艰难，磨炼了韩愈的意志，激发了他刻苦学习和勇于探索的精神。

二、仕途沉浮

贞元二年（786），19岁的韩愈赴京师求仕。他从19岁到24岁的6年间，先后参加了三次进士科考试，次次败北。贞元八年，屡受打击的韩愈第四次鼓起勇气踏进了进士考场，本年度的主考官是清正廉洁、知人善任的宰相陆贽。梁肃、王础为首席阅卷官，两人也都是为世人推崇的才学之士。陆贽、梁肃为当时骈文的改革者，力主倡导"古文"。韩愈常阅读梁肃的文章，受其影响，文风有与之相似之处，因此韩愈的文章为梁肃所欣赏、推重，韩愈在这次考试中榜上有名。但此后他连续两次参加吏部博学宏词科考试，均不中，便回河阳探亲。此时，嫂嫂郑氏病故宣城，韩愈要担负供养乳母李氏与孤侄韩老成的责任。生活的重担迫使韩愈再次进京求仕。此后，他又在长安参加了三次吏部考试，总是屡试不中。贞元十二年，29岁的韩愈经汴州刺史董晋举荐，在董晋幕府里任观察推官,这是韩愈从政的开始。

贞元十五年,汴州兵变,韩愈幸免于难,但因此失掉官职。贞元十七年,韩愈到京师听候调遣,次年春天授国子监四门博士。后经李汶荐举,升为监察御史。两年后,关中大旱,官吏却继续横征暴敛,韩愈写下《御史台上论天旱人饥状》,恳求皇上"特敕京兆府"停征赋税,然而却因此事被贬为广东的阳山令。这时,唐顺宗、唐宪宗相继即位,在其即位后的大赦中,韩愈两次遇赦。唐宪宗元和元年(806),韩愈被召回复任国子监博士。这年韩愈39岁,以后的10年间,韩愈的官职屡经迁调,时降时升。尽管如此,韩愈仍然不断著述,写出了著名的《师说》、《马说》、《原道》等作品。韩愈的诗歌有独创成就,对宋诗的发展有重要影响。

三、倡导古文运动

古文运动是文学史上一个复杂的现象,其主旨是解放文体,推倒骈文的绝对统治,恢复散文自由抒写的功能。早在唐德宗贞元十八年(802)韩愈首次出任国子监四门博士时,他已推动古文运动的发展。四门博士相当于今天大学教授之职。韩愈任国子监博士时,利用传道授业的有利条件,积极倡导古文运动,主张文章要植根"文艺",阐扬孔孟之道。第二年,礼部又举行进士考试,韩愈以四门博士身份致书副主考官,向他推荐了侯喜、沈杞等10人,他们先后考试及第,因此,韩愈声名大振,许多举子都投奔韩愈门下,称"韩门弟子"。韩

法门寺

唐朝皇帝曾多次大张旗鼓地到法门寺迎奉佛骨,韩愈因谏阻此举而被贬潮州。

愈借此广交后学,并给弟子以具体的指导和帮助,推动了古文运动的进一步发展。随着韩愈的名气逐渐扩大,登门拜师求教者甚多,不知不觉中,在京城形成了以韩愈为中心的文人圈。此时的韩愈雄心勃勃,广泛开展他倡导已久的古文运动,决心改变当时轻薄为文的状况,扭转一代文风。

在韩愈和柳宗元等人的大力倡导下,唐代古文运动得以蓬勃发展。这一运动开辟了唐宋以来古文的发展道路。

司马光

司马光是北宋著名的政治家、伟大的史学家,他是我国第一部编年体通史《资治通鉴》的编撰者。司马光为人温良谦恭、刚正不阿,其人格堪称儒学教化下的典范,历来受人景仰。

一、司马光砸缸

司马光,字君实,号迂叟,是北宋陕州夏县涑水乡(今山西夏县)人,世称涑水先生。

司马光出生于宋真宗天禧三年(1019)十一月,他出生,他的父亲司马池正担任光州光山县令,于是便给他取名"光"。司马光家世代为宦,其父司马池后来官至兵部郎中、天章阁待制,一直以清廉仁厚享有盛誉。

司马光深受其父影响,自幼便聪明好学。据史书记载,司马光非常喜欢读《左传》,常常"手不释书,至废寝忘食"。七岁时,他便能熟练地背诵《左传》,并且能把二百多年的历史梗概讲述得清清楚楚,可见他自幼便对历史有十分浓厚的兴趣。另外,还有一件事使小司马光名满九州。一次,他跟小伙伴们在院里嬉戏玩耍。院子里有一口大水缸,有个小孩爬到缸沿上玩,一不小心,掉进了缸里。缸大水深,眼看那孩子就要没顶了。别的孩子们一见出了事,吓得边哭边喊,跑到外面向大人求救。司马光却急中生智,从地上捡起一块大石头,使劲向水缸砸去,"砰!"水缸破了,缸里的水流了出来,被淹的小孩也得救了。小小的司马光遇事竟如此冷静,从小就显示出一副小大人模样。这就是流传至今的"司马光砸缸"的故事。这件事使小司马光出了名,东京和洛阳有人把这件事画成图画,广泛流传。

二、功名早成

宋仁宗宝元初年,年仅二十岁的司马光考中进士甲科,可称得上功名早成。然而,他却不以此自满自傲,而是豪迈地提出:"贤者居世,会当履义蹈仁,以德自显,区区外名何足传邪。"这一席话反映了青年司马光不为虚名,立志以仁德建功立业、成圣称贤的决心。此后,他也是一直朝这个方向努力。

司马光历来简朴节俭,不喜欢奢侈浮华的东西。他也以此教育他的儿子司马康。

此外，司马光对双亲也特别孝顺。他被任命为奉礼郎时，父亲在杭州做官，他便请命要求改任苏州判官，以便离父亲近一些，以奉养双亲。

司马光还是一个有情有义的人。他在担任并州通判时，西夏人经常入侵这里，成为当地一大祸患。于是，司马光便向上司庞藉建议说："修筑两个城堡来抵制西夏人，然后招募百姓来此耕作。"庞藉听从了他的建议，派郭恩去办理此事。但郭恩是一个莽汉，带领部队连夜过河，因不注意提防，被敌人消灭。庞藉因为此事被罢免了。司马光过意不去，三次上书朝廷自责，并要求辞职，没得到允许。庞藉死后，司马光便把他的妻子拜为自己的母亲，抚养庞藉的儿子像抚养自己的亲兄弟一样，当时人们一致认为司马光是一个贤德之人。

三、经世致用

步入仕途后的司马光仍然潜心学习，力求博古通今，他通晓音律、天文、数学，而对经学和史学的研究更为精深。

当时北宋建国已近百年，已出现种种危机，具有浓厚儒家思想的司马光，以积极的态度，参与政事，力图拯救国家。

司马光秉性刚直，在从政活动中亦能坚持原则，也能积极贯彻执行有利于国家的决策方针。而在举荐贤人、斥责奸人的斗争中，他也敢冒死进谏，当廷与皇上争执。

仁宗得病之初，皇位继承人还没确定下来。因为怕提起继位的事会触犯正在病中皇上的忌讳，群臣都缄口不言。但司马光之前在并州任通判时就三次上奏提及此事，这次又当面跟仁宗说起。仁宗没有批评他，但还是迟迟不下诏书。司马光沉不住气了，又一次上书说："我从前上呈给您的建议，应该马上实行，现在寂无声息，不见动静，这一定是有小人说陛下正值壮年，何必马上做这种不吉利的事。那些小人们都没远见，只想在匆忙的时候，拥立一个和他们关系好的王子当皇上，像'定策国老'、'门生天子'这样大权旁落的灾祸,真是说都说不完。"仁宗看后甚为感动,不久就立赵曙为太子就是后来的宋英宗。

英宗并非仁宗的亲生儿子,只是宗室而已。司马光料到他继位后,一定会追封他的亲生父母。后来英宗果然下令让大臣们讨论应该给他的生父濮王什么样的礼遇,但谁也不敢发言。

而司马光一人奋笔上书说:"为人后嗣的就是儿子,不应当顾忌私亲。濮王应按照成例,称为皇伯。"这一意见与当权大臣的意见不一。御史台的六个人还据理力争,结果都被罢官。司马光便为他们求情,但没有得到恩准,于是请求和他们一起被贬官。

司马光还经常上书陈述自己的治国主张,大致是以人才、礼治、仁政、信义作为治国安邦的根本措施。他曾说修心有三条要旨:仁义,明智,武略;治国也有三要旨:善于用人,有功必赏,有罪必罚。司马光的这一主张很完备,在当时有一定积极的意义。

有一年朝廷下诏在陕西征兵二十万,民心大乱。司马光认为此举不妥,便向掌管军事的韩琦询问。韩琦说想用突然征兵二十万来吓唬西夏国谅祚。司马光认为这只能欺骗一时,而且庆历年间征兵戍守边地,已经把老百姓吓怕了。韩琦说他不会用老百姓来戍边的,但司马光表示不信。果然不出十年,事情真如司马光所料。

还有一件事说明司马光是很有军事眼光的。

西戎部将嵬名山打算帮助朝廷捉住谅祚。司马光上书表示反对,他认为:嵬名山的兵力不足,未必能胜谅祚。即使侥幸得胜,倘若治标不治本,以后还会出现另一个谅祚。而且嵬名山如果失败后来投奔我们,不被接纳的话,穷途末路,就会突然占据边城来活命,成为我们的祸患。

皇帝因为没有听从他的意见,西部边境狼烟四起。

司马光当时在政治上是一名守旧派,与主持变法的王安石发生了严重分歧,几度上书反对变法。他说:"刑法新建的国家使用轻典,混乱的国家使用重典,这是世轻世重,不是改变法律。而治理天下,就好比对待房子,坏了就加以修整,不是严重毁坏就不用重新建造。"

司马光与王安石,就为国来说,二人是一致的,但在具体实施的措施上,各有偏向。王安石主要是围绕着当时财政、军事上存在的问题,通过大刀阔斧的经济、军事改革措施来解决燃眉之急。而司马光则认为在守成时期,应偏重于通过伦理纲常的整顿,把人们的思想束缚在原有制度之内,即使改革,也一定要稳妥,因为"重建房子,必须得有良匠优材,而现在二者都没有,要拆旧屋建新房的话,恐怕最后连个遮风挡雨的地方都没有了"。

司马光的主张虽然偏于保守,但实际上是一种在"宋常"基础上的改革方略。而王安石变法中出现的种种不利情况,从侧面证明司马光在政治上还是老练稳健的。

四、编写通鉴

著史,也是司马光从政治国的一种方式。1071 年,在与丞相王安石政见不同的情况下,司马光请求担任西京留守御史台这个闲差,退居洛阳,专门研究历史,并希望通过编写史书,从历史的兴衰成败中提取治国的经验。

早在仁宗嘉祐年间(1056～1063),司马光在担任天章阁待制兼侍讲官时,看到几间屋子都是史书,即使一个人穷其一生也是看不完的。于是他逐渐产生了一个编写一本既系统又简明扼要的通史的想法,使人读了之后能了解数千年历史的兴衰得失。他的想法得到了好友——历史学家刘恕的赞同和支持。

宋英宗治平元年(1064),司马光把自己创作的史书《历年图》二十五卷呈献给英宗,过了两年又呈上《通志》八卷本。英宗看后,非常满意,就要他继续写下去,并下诏设置书局,供给费用,增补人员,专门进行编写工作。司马光因此深受鼓舞,召集了当时著名的历史学家,共同讨论书的编写,并分工由刘班撰写两汉部分、刘恕撰写魏晋南北朝部分、范祖禹撰写隋唐五代部分,最后由司马光总成其书,由其子司马康担任校对。

神宗即位后,认为《通志》比其他的史书更便于查阅,就召见司马光,大加赞赏,并赐书名为《资治通鉴》,说它"鉴于往事,有资于治道",还亲自为此书作了序。到神宗元丰七年(1084),此书终于完稿,这部书的修订前后共用了19年时间。

《资治通鉴》是我国历史上第一本编年体通史,详细记述了从周威烈王二十三年(前403)到五代后周显德六年(959),总计362年的历史。全书共计294卷,另附目录30卷,《考异》30卷。这部书选材广泛,除了有依据的正史外,还采用了野史杂书320多种,而且对史料的取舍都非常严格,力求真实。这部书所记述的内容也的确比较详实可信,历来为历史学家所推崇。

《通鉴》的著述意义已远远超出了司马光著史治国的本意,它不仅为统治者提供了借鉴,也为全社会提供了一笔宝贵的知识财富。清代学者王鸣盛说:"此天地间必不可无之书,亦学者必不可不读之书。"《通鉴》已和《史记》一样,被人们称为史学瑰宝,广为流传,教益大众。而研究者也代代相传,使其成为一门专门的学问,即"通鉴学"。

当然,这些都与司马光的呕心沥血分不开。在洛阳的15年,他几乎耗尽了全部心血。司马光为编书经常废寝忘食,有时家里实在等不到他回来吃饭,便将饭送到书局,还要几次催促,他才吃。他每天修改的稿子有一丈多长,而且上面没有一个草书,全部都是一丝不苟的楷书。书成之后,仅在洛阳存放的残稿就堆满了两间屋子,可见他为这本书付出了多么艰辛的劳动。

司马光一生著作很多,除《资治通鉴》外,还有《通鉴举要历》80卷、《稽古录》20卷、《本朝百官公卿表》6卷。此外,他在文学、经学、哲学乃至医学方面都进行过钻研和著述,主要的代表作有《翰林诗草》、《注古文学经》、《易说》、《注太玄经》、《注扬子》、《书仪》、《游山行记》、《续诗治》、《医问》、《涑水纪闻》、《类篇》、《司马文正公集》等。

五、司马相公

《资治通鉴》写成以后,司马光就被升为资政殿学士。虽然他在洛阳居住了十五年,天下人都认为他才是真正的宰相,老百姓都尊称他为司马相公,而司马君实这个名字,则妇孺皆知。神宗逝世时,司马光前去奔丧,卫士望见他,都说:"这就是司马相公。"

等到哲宗即位、太皇太后临政时,司马光已是经历了仁宗、英宗、神宗的四朝元老,颇具威望。他建议太皇太后广开言路,于是上书奏事的人达到数以千计。当时天下百姓,都拭目以待,盼望政治革新。但有些人却说:"三年之内不能改变先皇的政策。"于是,只改革了一些细小的事,堵堵人们的嘴巴而已。

此时,司马光上书直言:"先帝之法,好的即使是百年也不能改变。而像王安石、吕惠卿所制定的制度,已经成了天下的祸害,应该像救火一样急迫地去改变它。况且太皇太后是以母亲的身份来改变儿子的法令制度,并不是儿子改变父亲的法律。"这样大家的意见才统一下来。于是,废除保甲团教,不再设保马;废除市量法,把所储藏的物资全都卖掉,不取利息,京东铁钱及菜盐的法律都恢复其原有的制度。

晚年的司马光疾病缠身,但是不把新法规完全废除,他是死不瞑目的。于是他写信给吕公著说:"我把身体托付给医生,把家事托付给儿子,只有国事还没有托付,今天就把它托付给您吧。"于是上书论免役法五大害处等,这些建议都被朝廷采纳。

司马光被任命为尚书左仆射兼门下侍郎时,又废除了青苗法,恢复原来的巢籴法。两宫太后听任司马光行事。当时司马光功高盖主、权重无边,连辽国、西夏派来的使者们也必定要询问司马光的身体起居,他们的国君对戍守边境的将领说:"大宋用司马光做宰相时,你们轻易不要惹出事非,使边境出问题。"

司马光对于朝廷可谓"鞠躬尽瘁,死而后已"。他常带病处理各种事务,不分昼夜地工作。别人劝他注意身体,他却说:"人的生死是命中注定的。"

元祐元年(1086),司马光逝世,终年68岁。太皇太后听到消息后,和哲宗皇帝亲自去吊唁,追赠司马光为太师、温国公,谥号"文正",赐碑"忠清粹德"。京城的人听到噩耗,都停工前去吊祭;岭南封州的父老乡亲,也都备办祭祀;都城和周围地区都画了司马光的遗像来祭祀。

六、盖棺定论

司马光一生从不说谎话,他评价自己时说:"我没有什么过人之处,只是平生的所作所为,皆问心无愧。"百姓全都敬仰信服他,陕州、洛阳一带的百姓被他的德行所感化,一旦做错事,就说:"司马君实会不知道吗?"

司马光一生清廉简朴,不喜华靡。史书上记载着他这方面的许多小故事,都被传为美谈。就连他的政敌王安石都很钦佩他的品德,愿意与他为邻。据说,司马光的妻子死后,家里没有钱办丧事,儿子司马康和亲戚主张借钱,把丧事办得体面一点,但司马光不同意,并且教训儿子处世立身应以节俭为可贵,不能动不动就借贷。最后,他把自己的一块地典当出去,才草草办了丧事。这就是民间流传的所谓司马光"典地葬妻"的故事。

司马光的品格德行、修学治史,一直受到人们的高度评价。但对他的政绩,人们却褒贬不一。

保守派主政的时候,对其政绩大加褒扬,宋哲宗还敕令保守派的翰林学士苏东坡撰写神道碑文,洋洋几千言尽是赞美之辞。而当改革派当政时,司马光不仅毫无政绩可言,而且还被列入奸相之列。宋绍圣年间,御史周轶首论"温公(司马光死后谥号)诬谤先帝,尽废其法,当以罪及"。朝廷不仅夺去了所有封号,而且还把其墓前所立的巨碑推倒。王安石的学生章淳、蔡京主政时,为报复司马光等人尽废新法的做法,将其与三百零九名朝臣列入"元祐奸党",并要在朝堂和各州郡立"奸党碑"。

但是在立碑时,发生了一件意想不到的事,石匠安民对蔡京说:"小人是愚民，不知道立碑的意图。但司马相公海内都称道他为人清廉正直，现在却要列入奸党之列，小人不忍心做。"蔡京一怒之下便要处罚他，吓得安民一面求饶，一面哭诉："大人的命令，小人不敢违抗。只是小人有一个请求：在碑上刻匠人名字时，不要把小人安民的名字署上，以免留下千古骂名。"蔡京仔细一想，司马光虽然有错，但毕竟为人正直，享有威望，于是便改变了主意，将司马光排除在奸人之外。

可见，司马光的人格不仅为百姓所称道，甚至连对手也为之折服。在封建时代，司马光是孔门的第三个圣人，位列孔子、孟子之下，同样在孔庙享配。时至今日，人们仍记得历史上有一位"涑水先生"，他给后人留下了一笔巨大的精神财富。

王安石

王安石是北宋的名相，同时也是一名杰出的思想家、文学家。王安石了解北宋中期的社会危机，于是向宋仁宗上《万言书》，要求改革吏治、实行变法。到了宋神宗时期，王安石积极推行"新法"，与以司马光为首的保守派展开斗争，确保"新法"的颁布实施，被列宁称为"中国十一世纪的改革家"。王安石的诗文造诣也很高，名列唐宋八大家之中，他的文章《伤仲永》，情理兼具；他的"春风又绿江南岸，明月何时照我还"的诗句，至今仍脍炙人口。

一、州县做官

王安石,字介甫,号半山,抚州临川人,于北宋真宗天禧五年(1021)出生在官宦之家。十九岁丧父,三年居丧期满,恰逢科举考试,于是他赴京师开封应试,名列进士第四。不久,他就被派往扬州担任签书淮南节度判官厅公事。那时的制度规定,任职期满后,准许呈献文章要求考试馆阁职务,可王安石偏没有这样做。

1047年,他被调往鄞县任知县。鄞县本是个好地方,灌溉便利,但王安石去时,水道早已年久失修,以致渠川堵塞,河底朝天。上任之后,第一年风调雨顺,收成很好,可王安石并没有放弃大兴水利的打算。在征得上司同意后,他利用农闲时节组织乡民疏通水道、兴建堤堰,他还把官仓中的谷物借给百姓,丰收之后偿还。王安石做事认真负责,确为一般"亲民官"所不及。他在鄞县做的第二件好事,就是实行青苗法,贷谷于穷人,抑制土地兼并。当时的豪强地主都巧取豪夺农民的土地,他实施青苗法,使官仓中的粮食得以更新,农民也得到方便,也有力地打击了高利贷的剥削活动。

王安石亲眼目睹了北宋吏制的腐败、人才的匮乏,于是大力兴办教育。为了纪念王安石的政绩,鄞县人民为他立祠庙,并且历代祠祭,经久不衰。

1057—1058年间,王安石先后担任了常州知州、江南东路提点刑狱。当时文彦博是宰相,便向皇帝推荐王安石,说他淡泊名利,请求越级提拔,以便遏制官场上的为名利奔走的不良风气。欧阳修推荐他做谏官,他则以祖母年事已高为由来推辞。在担任地方官的十几年间里,无论是做知州,还是任监司官,他都尽力做一些实实在在、兴利除害的事情。而这些措施都起到了一定效果。

二、《万言书》

1058年10月,王安石被调任三司度支判官,成为京官。在外做官十几年,此时的王安石已积累了丰富的地方吏治的经验。在体察社会弊病、了解民间疾苦的王安石上任后,便决心推行改革。北宋中期,内忧外患,酿成社会危机。于是王安石挺身而出,向仁宗上了《万言书》,系统地提出了改革的意见。但仁宗没有重视,他本来就懦弱平庸,晚年又深居内宫,几乎不问政事,于是《万言书》犹如石沉大海,毫无音信。两年以后,他调任直集贤院,又任知制诰,就是负责替皇帝起草文告命令的官员。王安石当时兼管纠察汴京刑狱,他性格倔强。有一次,开封一青年有一只善斗的鹌鸟,有人向他索要,他舍不得给。有个朋友私自将鸟拿走了,该青年追上朋友并将其杀死了。开封府判处该青年死刑,但王安石则认为青年捕杀盗贼,应视为无罪。于是便弹劾开封府的审判,并状告到大理寺。但大理寺却认为开封府判得对。后来,仁宗下诏要王安石认错,但王安石还拒不认错。

在1058年的《万言书》中,王安石系统地提出了变法意见。首先提出:"现在社会财力一天天匮乏,风俗一天天衰败,文武百官们不能不为社稷担忧。而造成这种形势的症结在于:如今的法度已不合时宜。现在应该从实质上学习先王的政治,进行改革。"他还指出,针对吏治腐败、人才缺乏的问题,要改革学校、科举,从地方提拔有才能的人来治理天下。针对财政困难、官吏贪污等问题,他也提出了自己独到的见解,最后提出,改革的关键在于皇帝,皇帝要坚持改革,不能因流俗和侥幸之人的反对而半途而废。

宋神宗在当太子时,就对王安石的《万言书》十分欣赏。太子府掌文书的记事官韩维是王安石的好友。每当他被神宗称赞时,就说:"这其实是我朋友王安石的观点。"后来,韩维升为太子庶子,便推举王安石替代自己的原位。神宗一即位,就立即起用王安石为江宁知府,几个月后又召为翰林学士兼侍讲。这样,神宗便可直接倾听王安石的改革建议。

第一次召见王安石时,宋神宗就问:"治理国家,首先要抓什么?"王安石回答道:"首先要选择方法。"又问:"唐太宗如何?"答道:"陛下应当效法尧舜,何必言唐太宗呢?尧舜的方法,非常简便、关键、容易。只是后来的文人志士不能理解,就以为高不可测了。"神宗对王安石的回答非常满意,就叮嘱他全心全意辅佐改革。在一次讲席以后,王安石乘单独和神宗在一起时,要宋神宗坚决排斥反对变法的人。这一年,河北大旱,国家财政由于救灾费用剧增而出现紧张局面。十一月,在祭天活动中,神宗让学士大臣们议论救济的方法时,王安石与司马光争论起来。神宗看出两人争论的焦点反映出了两条根本不同的路线。司马光主张缓变;而王安石要剧变,从根本上解决问题。宋神宗很赞赏王安石的魄力,便下决心排除各种干扰,起用王安石变法。

三、入相变法

次年2月(1069),宋神宗任命王安石为参知政事,并设置了整顿财政和商议变法的专门机构——三司条例司,由王安石主持,开始实行变法。1070年12月,又任命王安石为同中书门下平章事,即宰相,赋予了他更大的权力以便推动变法。在任宰相期间,他辅佐神宗实行变法,掀起了持续十六年之久的熙丰改革运动,这场改革发起于熙宁二年(1069),至元丰八年(1085)神宗病逝而结束。它可分为熙宁新法与元丰改制两个阶段。宋神宗始终是变法的领导者,他对王安石非常信任,有时王安石顶撞了他也不计较。王安石更是感激皇上的恩遇,以天下事为己任,倾尽全力实行变法。

熙丰改革的目的是富国强兵,为达此目的,王安石陆续推出了青苗法、均输法、农田水利法、募役法、市易法等,这属理财富国一类;将兵法、保甲法、保马法等,则属于整军强兵一类;更贡举、兴学校等,则属整顿吏治、培养人才一类。变法的中心是"理财","理财"的方法则是"民不加赋而国用足"。

青苗法于1069年9月颁布。在青黄不接时,政府主动向农民放贷救急,一年按春、秋发放两次,要他们二分的利息。春天发出去的须秋天收回。农田水利法(或称农田利害条约)于1069年11月颁布,规定各地兴修农田水利工程,材料由当地居民按户分派。

募役法是熙丰变法中影响最大的一项改革。王安石在制定过程中慎之又慎,与神宗商议了两年才颁布实行,从熙宁二年(1069)到熙宁四年(1071)才付诸实施。这是王安石最引以为荣的一项新法。募役法又称免役法,北宋中期,差役的危害极大,但官户、将吏、僧道户、女户、单丁户、城市居民户和商贾均可享受免役权,繁重的兵役就落到农村中的小地主和自耕农身上,对农村生产力摧残极大。王安石改革时规定,按百姓家庭财产多少,分别让他们出钱雇人充役,使本来不服兵役的家庭也都一律出钱。这样,自耕农免除了差役,而朝廷增加了收入。

保甲法,王安石早在上《万言书》中就已经提出过。保甲法实行的目的之一就在于镇压农民各种形式的反抗。把农村人口编入籍簿,两名男丁取一人,十家为一保,保丁都发给弓弩,农闲时操练,教给他们战斗的方法。保甲法作为改革冗兵弊病的措施,为国家节省了巨额军费。作为封建政治家,王安石的远见卓识,已能从此窥见一斑了。

在培养人才方面,王安石对学校进行整治,改组太学,扩大太学生名额,增至一千人。为统一思想,以便推动变法的开展,王安石亲自编订了各学校统一教材。他注解了《诗经》、《尚书》、《周礼》三部书,凡科举考试,都奉为教材。

熙宁变法使"富国强兵"收到了一定效果,尤其以"富国"成效最大。1078—1085年间,"中外府库无不充盈","可以支二十年"。边防方面也取得成效，1072年，在变法高潮中，经略安抚使王韶曾取得了打败西夏、收复熙河等五州二千里土地的胜利，使唐中叶以后失陷的旧疆重归国土。由此可见，变法在一定程度上扭转了"积贫积弱"的局势。

四、变法失败

但王安石在宋神宗支持下进行变法，从一开始就遭到了许多人的反对。反对派以司马光为首，在太皇太后和岐王赵颢的支持下，对新法进行了全面的攻击。

守旧派反对改革，首先是制造谣言，阻挠王安石参与大政。王安石以身许国，义无反顾，面对流言，毫不畏缩。1067年，神宗刚把王安石调到京师，守旧派就预感到了力主改革的他将被重用。一时间，朝廷中刮起了一股阻挠王安石参政的风潮。当他被任命为参知政事后，御史中丞吕海便捏造了王安石十大"罪状"，攻击他"大奸似忠，大诈似信"。当时王安石刚上任几个月，连司马光都感到惊讶，觉得吕海操之过急。神宗看完吕海的弹劾文之后，立即退还，弄得吕海难以下台，不得不主动辞官，神宗便让他做了地方官。王安石推举吕公代替吕海任御史中丞。韩琦劝神宗停止实行变法，神宗便有些犹豫，刚想同意韩琦的意见，王安石就立即要求辞职。后来司马光为神宗起草的诏书中有"士大夫沸腾，百姓骚动"等言语，使王安石大怒，他立刻上奏为自己辩护。神宗深感王安石的说法有道理，于是没有采纳韩琦的意见，而继续任用王安石管理政事。

对于反对派的责难，王安石据理力驳。1070年3月，宋神宗问王安石："外边传言，朝廷认为'天变不足惧，人言不足恤，祖宗之法不足守'，这是什么话？朝廷哪有过这样的话？"王安石没有正面回答自己是否说过"三不足"，而是写了《上五事札子》，对反对派攻击最厉害的五件事进行了驳斥。"三不足"口号是1072年王安石提出来的。熙宁五年（1072）

春,司天监灵台郎元瑛奏言:"天久阳,星失度,这是由于强臣擅国,政失民心之故,应当罢免王安石。"枢密使文彦博为了阻挠市易法,居然上书说:"市易,招民怨,致使华山都崩塌了,这难道不是上天在警告吗?"反对派企图借一些自然异常现象使神宗动摇,打击王安石,以废除新法。因此,王安石勇敢提出了"天变不足畏"的响亮口号。1075年10月,彗星出现,在当时被称做"妖星",反对派趁机又掀起一轮反对变法的高潮。由于王安石具有朴素的唯物论知识,保守派的阴谋才没有得逞。元瑛因此被发配到英州,文彦博的奏章被扣压并被派出去做了魏地的留守。

五、罢相还乡

但宋神宗在反对派的强大攻势面前还是动摇了。1074年4月,天下大旱长达八个月之久,反对派声言这是上天不满的表现。王安石的一个学生郑侠在反对派的支持下,上书神宗,并献上《流民图》,并说:"旱灾主要是新法招来的,罢了王安石的官,天就会下雨。"宋神宗反复观看该图,之后便对变法有了怀疑。王安石不得不主动请辞。于是神宗罢免了他的宰相职务,而任命他为观文殿大学士、江宁知府。

吕惠卿服丧期满后,王安石不断地推荐他,神宗就任用吕惠卿为参知政事,又经王安石举荐,韩琦被封为宰相。这二人坚决支持王安石制定的新法,继续推行新法。吕惠卿是个品德不佳的人,他早就想取代王安石,害怕王安石再度被重用,于是千方百计寻找机会打击陷害王安石。他借办理郑侠案件陷害王安石的弟弟王安国,又制造了"李士宁狱案",想进一步陷害王安石。他的阴谋被韩绛发现了,他利用自己的权力加以阻挡,并向神宗揭发此事,密奏神宗召回王安石重新执政。神宗也深感变法少不了王安石,于是,在1075年2月,又下令恢复王安石同中书门下平章事之职。

复相后,吕惠卿不但不协助王安石推行新法,反而伺机打击王安石,变法派内部因此出现了裂缝。这时,随着反对派攻击的日益激烈,神宗对王安石的信任程度也不如以前了。10月,又有一颗彗星出现在东方,神宗下诏征求直言得失,并询问政事中不符合民众利益的地方。当王安石上书劝解时,神宗却说:"为什么不能使冬天严寒夏天暴雨这种怨恨消失呢?"气得王安石称病卧床,后经神宗规劝,才肯上朝理事。1076年6月,王安石的儿子王雱因吕惠卿等攻击生病死去。王安石再次出任宰相之后,曾多次托病请求离职,到了儿子王雱死去,他更是悲伤不已,加上身体有病,他极力请求辞职。王安石想自己任相八年,日夜操劳,不顾毁誉,力排天下异议和诽谤,改革弊政,新立法度,已初见成效。只要神宗在改革上的方向不变,新法就不会废。神宗明白,此次王安石求退之心不可回,再三挽留不住,1076年10月,神宗同意他辞职,以带使相兼判江宁府,让王安石回金陵。1079年又封他为荆国公。这就是王安石第二次罢相。

王安石罢相后,宋神宗仍坚持进行了一些变法。选用的执政大臣,都是和王安石共事多年或制定新法的人,基本上遵循王安石的改革方向。神宗于1085年3月病逝,年仅38岁,其子十岁的赵煦即位,称宋哲宗。

王安石退居金陵后,一直过着隐士般悠闲的生活。他在江宁府城外筑宅,离城七里,离蒋山也七里,称其家园为"半山园"。人们常见他骑马漫游于各地湖山,借山水、参禅来安享晚年,此间,他还作了不少诗。

在金陵时,常有人来访。其中王安石与苏轼在金陵的交往,被传为美谈。

王安石长苏轼十六岁,在青年时代,都以才学出众而引人注目。欧阳修为北宋文坛领袖,他最欣赏的两个人就是苏轼和王安石。王安石、苏轼文学成就均十分突出,均被誉为"唐宋八大家"之一。在政治见解上,他俩都主张改革,苏轼并不像司马光那般保守,只是在改革的步骤和方法上见解不一。因此两个佼佼者,在熙丰变法中成了政敌。王安石执政时,苏轼曾反对新法,屡遭黜降。然而两人均无害人之心,苏轼对新法并未一概否定。1079年,苏轼因"乌台诗案"下狱,王安石已不在京师,惊闻之下,立即在金陵设法营救。

1080年,苏轼由黄州迁往汝州,途经金陵,多年没有来往的苏、王二人在金陵友好地相会了。在苏轼逗留金陵期间,两人进行了多次交谈。他们在一起论诗、诵佛。在他们往来的书信和诗中,王安石破例与苏轼谈及了时事,诸如关于用兵西夏等。其中王安石的《北山》诗:

北山输绿涨横陂,直堑回塘滟滟时。

细数落花因坐久,缓寻芳草得归迟。

这是他与苏轼一道游北山后写的诗中的一首。金陵相会之后,使苏轼更加深入了解了王安石的为人,后来他逢人就称赞:"不知几百年,方有如此人物。"

1084年,王安石得了重病,神宗派了御医赶赴金陵诊治。病愈后,他把半山园宅第施舍给寺庙,神宗赐匾"报宁禅寺"。自己则在城中租屋居住。

哲宗即位,太后垂帘听政,又起用司马光为相,保守派掌权并开始废除新法,坏消息接踵而至,1086后王安石在愤懑中去世,终年66岁。使王安石痛不欲生。王安石死后被追封为"太傅";绍圣年间,赐谥号为"文",配享神宗的庙庭;徽宗时,又配享文宣王庙。而钦宗时,皇帝下诏停止他文宣王庙配享。高宗采纳赵鼎、吕聪的意见,削去了其"舒王"的封号。

苏东坡

苏东坡,即苏轼,为北宋文学家、书画家。他是唐宋八大家之一,与父苏洵、弟苏辙合称"三苏",苏东坡在政治上恪守传统礼法,而又有改革弊政的抱负,故在仕途上多经坎坷。他性格豪迈,诗词汪洋恣肆,清新豪健,开创豪放一派。他心胸坦荡,在书法上虽取法古人,却又能自创新意,用笔跌宕有致,充满了天真烂漫的趣味。同时,他善绘画,喜作枯木怪石。苏东坡自称平生有三不如人的事情,即喝酒、下棋及唱曲子,但他的诗文、书、画却名垂后世。

一、书香世家

苏轼,字子瞻,又字和仲,自号东坡居士。眉州眉山(今四川眉山县)人,生于北宋中期,即仁宗景佑三年(1036)十二月十九日。母亲程氏是大理寺丞(相当于最高法院院长)程文应的女儿,书香门第出身,因从小耳濡目染,故品德、学识都非常好,苏轼有这样的母亲是幸运的,因此他能够受到良好的家教。祖父苏序等对他的出世都感到欣喜不已。三年后其弟苏辙也来到人世了。如果依照苏洵编纂的"苏氏族谱"记载,苏家的祖先最远可以追溯到唐朝的著名文人苏味道,然而真相难以确定,但可证实苏轼的祖先可追溯到五代前的苏斩。

苏轼的父亲苏洵志在科举,然而他开始做学问的时间太晚了,大约是在苏轼出生后的时期,他已经过了而立之年,结果是屡试不中,只能感叹自己怀才不遇,因此他对苏轼、苏辙两兄弟的期望很高。苏轼出生后不久,苏洵便到京都去游学,所以苏轼一直到八岁都没有受到过父亲的言传身教。他最早由母亲启蒙,后来因其母程氏深信道教,便命他拜天庆观道士张易简为老师,与镇上的百余名幼童一起学习。苏轼和后来成为当地小吏的陈太初经常受到私塾先生的褒奖。当时中国官宦人家的子弟通常是聘请家庭教师在家传授学业,苏轼与镇上的孩童并坐读书的道观私塾则是非常平凡的庶民教育场所。在私塾里就读的孩童都是商人和农民子弟,苏轼在私塾里度过了童年,这培养了他的庶民性格,对他日后的为官做人有很大的益处。

苏轼在天庆观的私塾里读了三年,十岁时母亲教他念《后汉书》,读到《范滂传》时,他感慨很深。不自觉地就叹息起来,并对母亲说:"做儿子的如果也像范滂,母亲高兴不高兴?"程氏说:"你如果真能像范滂一样,我难道不能像范滂的母亲一样感到光荣吗?"由于苏轼从小天资聪颖,因此他在母亲的教导下进步非常快。

二、名震京城

苏轼在二十岁前一直在故乡眉山专心学习。仁宗嘉祐元年（1056），他同其弟苏辙在父亲的陪伴下初次离开眉山，并赶赴京城参加科举考试。这一年顺利考上预备考试的两兄弟，又一起参加了第二年春季的科举，苏轼一举进士及第。此次科举考试的知贡举（监考官）是当时著名的文坛领袖欧阳修及梅尧臣，欧阳修一心倡导古文，以挽救当时文坛浮华不实的流弊，当他读到苏轼的《刑赏忠厚之至论》的文章时，十分吃惊，以为是自己的学生曾巩的作品，本来想取第一名的，考虑了很久，为了避偏袒之嫌，最终考取了第二名（后来原先应是第二的曾巩，反倒成了第一），苏轼的春秋对义则考了第一。殿试（皇帝亲自口试）时，他献上二十五篇进策，甚得仁宗皇帝的欣赏，于是将苏轼评为翰林学士。欧阳修当时对人说："吾当避此人，出一头地。"意即"我要给他避路，放他出一头地"，可见欧阳修当时拔擢后进的爱心。后来，苏轼及苏辙均拜欧阳修为师。

苏东坡在赴京考试以前，已经在家乡完了婚事。苏轼母亲程氏，在嘉祐二年（1057）四月生病去世，苏家嘉祐四年（1059），丧期已满，父子三人再度搭船渡岷江、长江水路赴京都。嘉祐六年（1061），苏轼、苏辙二人在恩师欧阳修推荐下参加制科考试，这一年举行的是贤良方正能直言谏科的考试。苏轼、苏辙分别以三、四等的成绩分别考中入选。制科的成绩分为五等考核，在宋朝年间尚无以一、二等的成绩考中之例，通常都是以三等为最高分。相传当时仁宗曾喜悦地向皇后曹氏说道："朕为子孙得两宰相。"仁宗所说的两人就是指苏轼和苏辙。

嘉祐六年十一月十九日，苏轼出任签书凤翔府判官事，也就是知府的助理官，相当于副知府。去上任时，苏辙一路送到京都外城通往西边的郑新门才依依不舍地与兄长分手道别。后来苏轼把当时所作的一首《留别诗》收集在自编《东坡集》四十卷的卷首，表示这首诗是自己的处女作。

他在凤翔府判官任内的第二年春天，由于长时间不下雨，严重的旱灾使百姓们生活极度困难。后来奉上级命令到太白山上求雨。后来果然下雨了，于是就在官舍的北边筑了一个亭子，名叫"喜雨亭"，他因此有感而发地为这件事作了《喜雨亭记》，并以轻盈的笔调抒发了久旱逢甘露的喜悦心情。

三、反对变法

英宗继位以后，韩琦做了山陵使，他表面上爱护苏轼，其实有点妒忌他的才华，所以苏轼办事分外小心。为了应付山陵的需要，他编了不少木筏、竹筏，想顺渭水东下，可是水太浅，木筏便停滞住了，他非常着急，花了整整五个月的时间才设法运出。后来又碰上西夏入侵，边境的老百姓非常恐慌，他日夜奔波，供应军民粮食，十分的辛苦。

除了疲于工作，苏轼还不得不应付官场上的种种关系。由于之前所学的圣贤教诲与政治现实相差甚远，作为一位初任官职的热血青年，他感到无比的忧虑。英宗治平二年（1065 年）冬，凤翔的任期届满后，苏轼迫不及待地回到了父亲及弟弟居住的都城开封。不料翌年他深爱的妻子死了（妻子王弗，是本乡贡进士的女儿，知书识礼，能诗能文，16 岁嫁给东坡，后来生下儿子苏迈，可惜红颜薄命，27 岁就死了，不到一年时间，父亲也跟着去世了，苏轼带着非常沉重的心情，乘船运送父亲及妻子的灵柩回到了故乡眉山。

熙宁元年，神宗即位，服满了丧期的苏轼离开故乡。第二年，出任监官诰院（掌管官吏辞令书的官）。此时，政治上已有了新的变化，神宗为挽救面临困境的国家财政，任用王安石为相，并推行其新法。苏轼的政治思想较为保守，他虽不满当时的社会现状，但也不完全支持王安石的改革思想，他认为问题的关键不在于法制，而在于吏治，他希望能以较缓和的方式进行改革，若要变法，也应逐步进行，并不是像王安石的变法那样急于求利。所以他不断上书神宗，呈奏《议学校与贡举札子》、《谏买浙灯状》，后又上《上皇帝书》及《万言书》，但都未被神宗接受。苏轼因而成为当时反对王安石等新法派中的旧法派的一员，在政治上受到了排挤。甚至还有人诬告苏轼贩卖私盐。

熙宁四年(1071)，36岁的苏轼见变法大局已定，反对也无济于事，并且他也不愿意陷入宗派斗争的旋涡之中，便请调杭州(今浙江省杭州市)，但心中不免有些难过和挫败感。

杭州是个风景秀丽之地，苏轼在闲暇之时，便四处游玩，以解烦忧。他在此地不但结识了许多知交，而且作了不少的诗歌，如著名的《饮湖上初晴后雨》、《六月二十七日于望湖楼醉书》等。政治上的挫折反而使东坡以诗人的身份体验了更丰富的人生，从此开拓了一片更为广阔的文学领域。

熙宁七年(1074)，苏轼自愿调任密州(今山东省诸城县)，那儿离苏辙任职的济南很近。他在密州也作了许多脍炙人口的文学名作，如《超然台记》、《水调歌头·中秋怀子由》、《江城子·密州出猎》等。

四、漂泊流离

苏轼后来被调任到徐州、湖州。神宗元丰二年(1079)，在他调任湖州的第三个月，有一天，突然闯进一位朝廷钦差，不容分说便把他捉拿进京，原来是一帮和苏轼有嫌隙的御史，为了讨好王安石，便称他在诗文中歪曲事实，中伤朝廷，并请皇上下令司法官员判他的罪。不久，苏轼就被送入狱中，这就是著名的"乌台诗案"。

苏轼在杭州作通判时的确作了不少诗词讽刺新法，譬如《山村五绝》的第四首："杖藜裹饭去匆匆，过眼青钱转手空。赢得儿童语音好，一年强半在城中。"这首诗就是讽刺青苗法的执行不力，官吏强迫农民借贷，然后又在当地开设赌场、妓院等，把钱捞回来的丑恶行径。但这毕竟是诗，不应该构成罪状，但是围绕新法所进行的严肃的政治斗争已演变成争权夺利的宗派斗争，苏轼的诗得罪了那些青云直上的新法人物，就难免获罪。

对苏轼的审讯进行了一百多天，苏轼的政敌李定等人，千方百计罗织罪名，妄图把苏轼置于死地，他们的卑鄙行为引起了当时很多人的不满。

除湖州、杭州等地的老百姓请和尚念经为苏轼祈福外，前太子少师（太子的老师）张方平、前吏部侍郎（相当铨叙部次长）范镇也替他上书求情，于是情势缓和下来。再加上神宗本来就喜爱他的诗词，又有生病的曹太后（神宗祖母）为他说情，最后只定了苏轼"讥讽政事"之罪。是年十二月二十八日，神宗皇帝判他流放黄州（今湖北省黄冈县），苏轼终于免于一死。

元丰三年（1080），苏轼被贬为黄州团练副使。刚到黄州，生活困难、没有薪俸，连住的地方都成问题。后来，只好暂居定惠院里，天天和僧人一起吃饭，一家大小靠仅剩的钱节俭过活。老友马正卿实在看不过去，替他请得可城东营防废地数十亩，让他耕种、造屋。他汗流浃背地在东坡上辛勤耕作，妻子王氏则在一旁打下手，夫妻二人同甘共苦。

由于苏轼亲自在东坡开荒种地，所以便对这个曾经长满荒草的地方产生了深厚的感情，他赞扬这东坡如同山石般坎坷坚硬的道路，要求自己也必须不避艰险、乐观地在人生坎坷的道路上前行。他把东坡看做是自己个性的象征。辛勤劳作了一年后，苏轼在东坡旁建了一间书斋，命名为"东坡雪堂"，从此自号"东坡居士"。

苏轼在经过了此次的文字狱冲击后，胸中郁积着无数要说的话，他虽然一直压抑着自己的激情，不想再写诗惹祸，但创作的激情岂是能压抑住的？他一面在诗中倾诉自己的冤屈与不平，一面又在日常的茶饭活中寻找淡泊自得的喜悦，以保持心理的宁静。一有空，他就到处寻幽访胜，悠闲度日。这段时期对苏轼而言，是他文学创作的一个高峰。

原因有两点：一、在这些年中，他刻苦读书，因此在知识方面有了新的拓展。二、由于"乌台诗案"给他打击很大，从而他深深地体会到自己在做人方面有些欠缺，因而写了不少与修养有关的文章，如《前赤壁赋》，即在探讨人生的变与不变的道理。除上述《前赤壁赋》外，他还作了如《念奴娇·赤壁怀古》、《后赤壁赋》等作品，来阐述自己旷达的人生态度。此时的苏轼，不仅在文学艺术的造诣上达到了顶峰，而且在做人的原则上也达到了极高的境界。苏轼的文章汪洋恣肆，明白畅达，其诗清新豪健，善于运用夸张比喻，在艺术表现方面独具风格。词开豪放一派，对后代文学很有影响。擅长行书、楷书，取法李邕、徐浩、颜真卿、杨凝式而能自创新意，用笔丰腴跌宕，有天真烂漫之趣。

元丰七年(1062)，神宗下令苏轼离开黄州，改授汝州(今河南省汝南县)团练副使。路过金陵(今南京市)时，遇到当年政敌的王安石，两人谈得相当投机，这时的东坡对王安石仍不客气，亲切地责备王安石不该连年在西方用兵，又在东南造成大刑狱，而违背了祖宗仁厚的作风。这时的王安石已经历尽沧桑，胸襟也开阔多了，不但不见怪，反而对别人说："真不知道再过几百年，才能再出现像东坡这样的人物！"

五、政事艰难

元丰七年，苏轼四十九岁时，宋神宗为他恢复了名誉，并任他为登州(今山东省蓬莱县)知事，仅十余天，又受朝廷之召出任礼部郎中。这年腊月调回京都开封，任起居舍人。元丰八年(1085)三月，大力推行新法的神宗在位十九年后崩逝，年仅十岁的哲宗即位，高太后垂帘，极力提拔旧派人物，东坡奉召还朝，太后命坐赐茶，又撤御前金莲烛台送他回院。由于太后废除新法，政局的形势开始逆转，原为政权中枢的新法派众臣被排斥。司马光等昔日的重臣们又得以重新执政。后世史家称之为"元祐更化"，旧法派继续当权执政。

第二年，苏轼晋升为中书舍人、翰林学士、知制诰，同时兼任侍读。苏轼进京后不到一年的时间，就连升了三次官，但此时的苏轼已对做官没有兴趣了。入京以后，苏轼发现实施了十几年的新制度，有一部分已经有相当的成果，司马光上台后，却不分青红皂白地完全废止，他有点不以为然。东坡本来也是反对新政的大臣之一，但是他的言行和主张，是对事不对人的，现在他和王安石又有了进一步的交情，对新政也有了一定的了解，他的态度自然有所改变。他认为新政中的"免役法"尤为出色，功在当代，利在千秋，力劝司马光采用，但司马光坚决不肯。这样一来，保守派的人便说他是王安石的人了。可是新法派的人也并不把他当作自己人，所以东坡便成为中间人物，两面都不讨好。

这年九月，旧法派的领袖司马光去世，使得旧法派四分五裂，陷入了丑陋的派阀之争。集宋朝理学之大成的程颐领导的洛党和苏轼等人的蜀党势不两立，朔党夹杂其间，也纠缠不清，派阀之争愈演愈烈，甚至涉及到对私事的诽谤。

元祐四年（1089），苏轼想离开这个是非之地，便请调任杭州知事，上任时，杭州人焚香列队欢迎，不料苏轼刚到任就遇到严重的天灾和病害。后来，他在此修建了我国第一所公立医院。苏轼在知事任内修筑了与白居易的白堤齐名的西湖苏堤。元祐六年（1091）又奉召出任翰林学士承旨，并兼任侍读，但是遭到作风激进的朔党的排斥，不到几个月又被调任颍洲（今安徽省阜阳市）知事而离开京都，次年又转任扬州（江苏省扬州市）知事。元祐七年（1092）九月，苏轼又被召回朝廷，出任兵部尚书，十一月晋升为礼部尚书，这是苏轼从政以来的最高职位。

六、诗人之死

苏轼的职位越升越高，而对立的党派对他的政治攻击也愈演愈烈，甚至有人对其以前的文字狱(即乌台诗案)大作文章。郁郁寡欢的苏轼请奏调任江南之地,但未获批准。元祐八年(1093)九月,苏轼出任定州(今河北省定县)知事。同月,高太后崩逝,"元祐更化"也随之结束了。

元祐八年九月,十八岁的哲宗开始亲政,重新推行其父神宗所主张的新法。政权又转移到了吕惠卿等新法派人士的手里,于是又对旧法派展开了严酷的弹劾。绍圣元年(1094)四月,五十九岁的苏轼又被指称诽谤朝廷,贬为岭外英州(广东省英德县)知事,六月,在转任英州的途中又受命流放惠州(今广东省惠州市)。在惠州的两年中,苏轼生活窘困,有时连酿酒的米也没有,吃菜也得自己种。可是苏轼这一辈子对磨难早就习惯了,他对这一切安之若素。他有两句诗写道:"为报先生春睡足,道人轻打五更钟。"即使身处遭人唾弃的岭外之地,也不因此而丧志,仍旧悠然地过着。不料京城朝廷的奸人仍不肯就此罢休,再度以莫须有的罪名加害于他。这次苏轼竟被流放到有天涯海角之称的儋州。儋州在海南岛,是一个人迹罕至,瘴疠丛生之地。而苏辙当时则被贬至雷州,两地隔着海峡,两人要分手时,苏轼还打趣说:"莫嫌琼雷隔云海,圣恩尚许遥相望。"

到了儋州,苏轼一贫如洗,为了糊口,他连酒器都卖掉了。可是他没忘读书,这段时间他最爱读柳宗元和陶渊明的诗。他还常常带上个大酒瓢,在田野里边唱边走,作诗自娱。他还结交了不少平民朋友,闲了就去串门,跟野老饮酒聊天,还常常给乡邻看病开方。苏轼晚年流放海外的岁月虽然很艰苦,但他仍超然洒脱,并自得其乐。

元符三年(1100)正月,哲宗崩逝,徽宗即位,大赦天下,皇太后向氏摄政,试图促成新旧两派的和解。五月,苏轼被赦免了流放海外之罪,并被提举为成都玉局观。在自惠州后七年的流放生活中,苏轼一家先后死了九口人,虽然生活对他如此残酷,垂暮之年的他依然乐观开朗、富有朝气。苏轼六月渡过琼州海峡返北,月夜在浔江边时,他吟诵道:"我心本如此,月满江不湍。"

百姓并没有忘记这位大诗人。苏轼北归,经过润州、前往常州时,运河两岸拥满了成千上万的百姓,他们随船前行,争着要看看这位久经磨难的大诗人的风采。然而,此时的苏轼因旅途劳顿早已染病在身。建中靖国元年(1101)六月,苏轼卧病常州,七月二十八日,苏轼逝世,一代文豪就此陨落,死时六十六岁。

陆 游

陆游,字务观,号放翁。汉族,越州山阴(今浙江绍兴)人。南宋诗人。少年时即受家庭中爱国思想熏陶,高宗时应礼部试,为秦桧所黜。孝宗时赐进士出身。中年入蜀,投身军旅生活,官至宝章阁待制。晚年退居家乡,但收复中原信念始终不渝。创作诗歌很多,今存九千多首,内容极为丰富。抒发政治抱负,反映人民疾苦,风格雄浑豪放;抒写日常生活,也多清新之作。词作量不如诗篇巨大,但和诗同样贯穿了气吞残虏的爱国主义精神。杨慎谓其词纤丽处似秦观,雄慨处似苏轼。著有《剑南诗稿》《渭南文集》《南唐书》《老学庵笔记》。

一、耳濡目染

陆游出生在一个仕宦世家,4 岁时金兵攻陷寿春,陆游全家仓皇逃难,这次逃难在陆游幼小的心里埋下了复仇雪耻的种子。

陆游从小就爱学习,好读书。陆家藏书甚丰,给陆游的学习创造了极有利的条件。勤读苦学,再加上父亲陆宰的指点,陆游打下了扎实的学养基础。

陆游从师受教是从 9 岁开始的,家塾老师毛德昭常苦学至忘寝食,经史多成诵,这种精神对陆游的治学态度产生了良好的影响。在战乱中,往来于陆家的,除了爱国的政治家外,还有许多文人学者,他们在文学与学术上具有很高的造诣。他们常和陆游的父亲陆宰秉烛清谈,使陪坐一旁的陆游获益匪浅,所以陆游 12 岁便能诗善文了。15 岁时陆游进入乡校,老师韩有功、陆彦远等都是有学问、有气节的人物,在治学和做人方面给了陆游极大的影响。

二、曾几解惑

陆游 16 岁时,参加出官的考试,未中。归来后,他便发愤读书,17 岁外出从师,受业于云门鲍季和先生,早出晚归。这年他专攻诗文,只是苦无心得,无所进展。这时,陆游结识了江西派大诗人曾几,曾几给陆游的生活和创作带来重大转变。

曾几是当时名满天下的诗人、学者,同时也是一位爱国志士,力主抗金,反对和议,属于抗战派。曾几罢官之后,去山阴拜访陆宰,陆游遂得与曾几相见,并为曾几所赏识,二人建立起深厚的师生情谊。曾几教导陆游,作诗要从现实生活出发,不要停留在蹈袭模仿前辈诗人语句的水平上。同时,曾几把吕本中的"养气说"传授给了陆游。由于曾几的知遇和教诲,陆游一步步向南宋诗坛迈进,终于成为"中兴之冠"的诗人。

三、落榜与婚变

少年时代的陆游,由于学习勤奋,能写一手出色的文章。29 岁那年,他参加两浙地区的考试,名列榜首。当时恰巧奸相秦桧的孙子秦埙也参加了这次考试。秦桧在考试前就曾暗示考官,一定要让秦埙得第一名。恰巧主考官为人非常正直,他早就对秦桧平日里专横跋扈、仗势欺人的做法非常不满。所以,在录取时主考官根本就没搭理秦桧事先说过的话,毅然将陆游列了第一位。这件事使秦桧十分恼火。第二年,陆游到京城临安参加考试。这一次的主考官发现了陆游的文才,又想让他名列前茅。秦桧得知这件事,更是生气,蛮横无理地命令主考官取消了陆游考试的资格,并扬言还要追究两浙地区考试官的责任。打那以后,秦桧对陆游怀恨在心。不让他参加朝廷工作,直到秦桧死去,他才到临安担任枢密院的编修官。

陆游热情支持北伐,可是担任统帅的张浚缺少指挥的才能。张浚手下的两名主将又相互猜忌,发生摩擦。宋军出兵没有多久,就在符离(今安徽宿县北)打了一个败仗,宋军全线溃退。北伐失败,一贯主张求和的大臣在宋孝宗面前对张浚大肆攻击,还说张浚用兵原是陆游怂恿出来的。后来,张浚被排挤出朝廷,陆游也罢官回山阴老家去了。宋孝宗在金兵的威胁下,抗金决心也就动摇起来。第二年又跟金朝订立了屈辱的和约,打那以后,再也不敢提北伐的事。

差不多过了 10 年,负责川陕一带军事的将领王炎听到陆游的名声,把他请到汉中去做他的幕僚。汉中接近抗金的前线,陆游认为到那里去也许有机会参加抗金战斗,为收复失地出一份力量,很高兴地接受了这个任命。到了那里,他曾经骑马到大散关边,观察金人占领的地区。在王炎衙门里,他常常亲眼看见金军占领区的老百姓,冒着危险给宋军送来军事情报。这些情景使他对抗金前途充满了希望。经过详细考察之后,他向王炎提出一个计划,他认为恢复中原一定要先收复长安,要王炎在汉中积蓄军粮、训练队伍,作好一切准备,随时可以进攻。但是,当时临安的南宋朝廷并没有北伐的打算,川陕一带的将领大多骄横腐败,王炎对他们也没有办法,更谈不上按照陆游的意见出兵。陆游满怀希望又落空了。

不久,王炎被调走,陆游也被调到成都,在安抚使范成大部下当参议官。范成大是他的老朋友,虽说是上下级关系,却并不讲究一般的官场礼节。陆游的抗金志愿得不到实现,心里气闷,就常常喝酒写诗来抒发自己的爱国感情。但是,一般官场上的人看不惯他,说他不讲礼法,思想颓放。陆游听了,索性给自己起了个别号,叫"放翁"。后来人们就称他陆放翁。这样一过又是二三十年,南宋王朝又换了两个皇帝——宋光宗赵惇和宋宁宗赵扩,南宋王朝始终没有决心收复失地。陆游长期过着闲居的生活,他把满腔爱国热情寄托在他的诗歌创作上。开禧二年(1206),韩侂胄担任宰相,发动了一次大规模的北伐。这使陆游十分兴奋。但是韩侂胄的北伐并没有充分准备,加上朝廷内部矛盾重重,使最后一次北伐又失败了。宋宁宗和一批投降派大臣杀害了韩侂胄,把他的头颅献给金朝,订立了屈辱的和约。

陆游一生遭受了巨大的波折,不但仕途坎坷,而且爱情生活也很不幸。他20岁时和表妹唐婉结为伴侣,两人从小青梅竹马,婚后相敬如宾。然而,唐婉的才华横溢与陆游的亲密感情,引起了陆母的不满,加之唐婉又不孕,以致最后发展到强迫陆游和唐婉离婚。陆游和唐婉的感情很深,不愿分离,他一次又一次地向母亲恳求,都遭到了母亲的责骂。在封建礼教的压制下,虽种种哀告,终归走到了"执手相看泪眼"的地步,一对感情深厚的夫妻硬被拆散。陆游再娶王氏,唐婉也改嫁他人,后来唐婉在郁闷愁怨中去世。这件事使陆游在精神上受到很大的打击,他一生中写了不少诗追怀唐婉和这一段不幸的婚姻。

四、矢志抗金,写诗抒怀

1170年,朝廷又让陆游去夔州任通判,这时陆游已经45岁了。在夔州居官期间,陆游因远离朝廷,不能襄助国家大计,心情非常苦闷。三年后,王炎任川陕宣抚使,因为主抗战,陆游得到他的赏识而被委为协办公事的职务,并派到南郑襄理军务。

这不到一年的军中生活,在陆游的生活和创作中留下了深深的烙印,豪迈而悲壮成为他这一时期诗歌创作的主基调。

陆游的抗金主张,虽多次遭受投降派的打击,但爱国之志始终不渝,直到死时他还念念不忘国家的统一。临终时,他留给儿子一首千古流传的诗《示儿》,表达了自己抗金的决心。

陆游一生勤于创作,流传下来的诗就有 9300 多首,诗作涉及的题材极为广泛,其中表现抗金报国的作品,最能反映那个时代的精神。

李清照

李清照,今山东省济南章丘人,号易安居士。宋代女词人,婉约词派代表。早期生活优裕,与夫赵明诚共同致力于书画金石的搜集整理。金兵入据中原时,流寓南方,境遇孤苦。所作词,前期多写其悠闲生活,后期多悲叹身世,情调感伤,也流露出对中原的怀念。形式上善用白描手法,自辟途径,语言清丽。论词强调协律,崇尚典雅,提出词"别是一家"之说,反对以作诗文之法作词。能诗,留存不多,部分篇章感时咏史,情辞慷慨,与其词风不同。有《易安居士文集》《易安词》,已散佚。后人有《漱玉词》辑本。今有《李清照集校注》。

一、天资聪颖

李清照出生在一个很有名望的书香世家,她的父亲李格非就是齐鲁学风培育出来的一个典型学者,她的母亲知书能文。李清照出世后,她的父亲上京为官,母亲把全部心思都放在了对李清照的教习上。

李清照认字很快,习字之余,母亲常常给她讲一些古书上的事情。她不仅听得津津有味,还常常刨根问底,不弄清前因后果绝不罢休。

当时第一流的文学家中,有不少人与李清照的父亲往来甚密。如黄庭坚、晁补之、张耒、秦观、陈师道等,他们都是诗人兼词人。当父亲将李清照母女接到京城时,李清照听着这些文学家谈古论今、吟咏诗文,神往不已。

李清照像

父亲偶尔会把女儿作的出色的诗文拿给朋友们看,这些诗文使友人们惊叹不已。往后,再论诗谈文的时候,友人便时常把李清照叫来。在大家的赞扬和鼓励下,李清照对文学创作的兴趣更浓了,写作也更勤了。少年时的李清照在不知不觉间依照着这些当世一流文人的标准来塑造自己。她如饥似渴地阅读家藏的浩繁文史卷帙,同时,习字、练画、理琴、斗棋、写诗、作词,充实地过着每一天。

二、助夫编撰《金石录》

宋徽宗建中靖国元年(1101),18岁的李清照与吏部侍郎赵挺之幼子、太学生赵明诚结婚。赵明诚爱好金石之学,也有很高的文化修养。婚后,他们过着美满而和谐的生活。夫妇二人在一起唱和诗词,欣赏金石拓片,共同致力于收藏金石古器、名人书画、历代图籍。

赵明诚幼年拜读了欧阳修的《集古录》,感触颇深。成年后,他感于

《集古录》尚不完备,编撰体例不尽合理,就决心穷其毕生精力来搜集、考证金石刻辞,写一部完备的《金石录》,以泽被后学。自幼饱读诗书的李清照,完全理解丈夫的抱负,并以实际行动支持其工作。她经常协助赵明诚考订彝器、碑铭,进行研究,并编撰《金石录》。要完成这项学术伟业,需要搜集大量的实物与文字资料。夫妻二人就经常出入于东京的文化场所,尤其是繁华的大相国寺,搜求三代鼎彝,汉唐碑碣。每有收获,二人都欣喜若狂,回家反复鉴赏,然后撰写跋尾,详加考订。

这一时期李清照的词活泼清新,语意隽秀,表现了她热爱大自然,憧憬美好爱情生活的思想感情。这些作品冲破了以往花间闺怨词的樊篱,有一定价值。

三、苦难中思想的升华

1129 年 8 月,赵明诚病卒,李清照刚刚办完丧事,金兵又加紧进逼。此时,"仅存喘息"的她手头还有从青州旧居运出的书籍两万卷、金石刻两千卷及其他文物家产。数目如此巨大的文物尚不知如何安置,又有人诬陷赵明诚生前以玉壶投献金人。亡国之恨,丧夫之痛,通敌之罪,灾难接踵而来。身体羸弱的李清照捐出家中所有铜器,以洗清赵明诚的罪名,然后沿宋高宗逃窜的路线,辗转流亡在越州、四明、杭州等地。而她手中的珍贵文物又引来无数人的觊觎:有官军李将军的强行霸占,有御医王继先的强行购买,有邻居钟复皓的掘壁偷盗,更有不择手段的张汝舟强行骗婚。张汝舟骗婚后,由于文物一时未能得手,就对李清照拳脚相加。李清照不堪折磨,告发了他骗取官职的恶行,使他受到惩罚。而她因告发亲人而落下牢狱之灾,后在友人的帮助下才出狱。

这一切不幸的遭遇使李清照后期的思想升华到要戮力复兴中原的高度。她后期所作的诗文,多感叹身世,怀念故国,包含了较多对现实的关心,渗透着爱国感情。如"故乡何处是,忘了除非醉"(《菩萨蛮》),"空梦长安，认取长安道"(《蝶恋花》)等词句，寄托了对北方故国的怀恋追思。

在中国文学史上，李清照的词作以其高超的艺术成就而占有重要地位，后世论者将她推为宋代"婉约派"词家的宗主。

岳　飞

岳飞是我国历史上一位杰出的军事家，著名的南宋抗金将领。北宋灭亡，大片国土沦陷。具有高度民族气节的岳飞立志精忠报国，收复失地。他率领的"岳家军"英勇善战，所到之处势如破竹，重创金军，收复许多失地。由于南宋统治者对金实行投降的卖国政策，主战的岳飞以"莫须有"的罪名被杀害了。但是岳飞英勇抗金的事迹，为后人敬仰，并世代流传。

一、岳母刺字

岳飞,字鹏举,北宋徽宗崇宁二年(1103)二月十五日出生。他刚出生时,有一只鲲鹏似的大鸟恰巧从他家的屋顶飞过,因此他的父亲就给他取名为岳飞,字鹏举,希望他有鲲鹏之志。

岳飞小时候家境贫寒,他很小的时候就开始帮家里做些杂活,并到野地里去打柴割草。岳飞少年时性情深沉,不善言谈,但他非常好学,尤其喜欢读《左氏春秋》、孙膑及吴起兵法之类的书籍。他意志坚强,身体结实,力气很大。不到二十岁,岳飞便能拉动三百斤的强弓。在那个兵荒马乱的年代,年轻人都愿意抽空练习武艺,以便保家卫国。岳飞便与其他年轻人一样,拜同乡人周侗学习射箭,他虚心好学,学得了一手好箭法,并能够左右开弓。岳飞又向陈广学习了枪法,他的枪法高超,全县无人能敌。

当时王佐、朱孝等人经常聚在一起,讨论谋反之事,他们非常欣赏岳飞的才智和武功,便邀请岳飞一起起兵造反。岳飞便举棋不定,不知如何是好。岳飞的母亲姚氏听说之后,把他叫到跟前,对他说:"现在金兵南犯,大片国土沦丧,民不聊生,生灵涂炭。好男儿应当精忠报国,为国立功,为民除害,怎能趁国家危难之际,举兵造反,与国、与民为敌呢?"

于是,岳飞便下定决心参军抗金,为国尽忠。为了勉励岳飞,他的母亲姚氏咬着牙用绣花针在岳飞背上刺了"精忠报国"四字。从此,这四个字深深地烙在他的心里,成为了他英勇抗金的内在动力。

二、抗金英雄

宣和四年(1122),赵构在相州(今河南安阳)担任天下兵马大元帅,奉命征兵援救汴京。岳飞应征入伍,担任了下级军官。从此,岳飞开始了他的军旅生涯。

当时相州一代，以陶俊、贾进和为首的盗贼团伙最为猖獗。岳飞请求带二百精兵消灭他们。他采用里应外合的方法，诱敌深入，活捉了陶俊和贾进和。岳飞第一次出兵就打了一个漂亮的伏击战。

不久，岳飞又奉命讨伐游寇吉倩。一天傍晚，岳飞安顿好部队之后，只带了四名骑兵，直闯吉倩的营房，说明来意，并劝吉倩投降。吉倩等人还以为已被大军包围，惊慌失措。有人想偷袭岳飞，向他猛扑过来。岳飞眼疾手快，顺势将那人打倒在地，其余的人都被镇住了。吉倩对岳飞非常佩服，便率众三百八十人投降，岳飞因此被封为承信郎。

之后，岳飞率领铁骑三百人前往李固渡诱敌，将金兵击败。后又跟随刘浩解东京开封之围，与金兵在滑州以南一带展开拉锯战。

宋高宗即位后，岳飞担任皇帝的侍卫。由于他上书让皇帝亲征，收复失地，而这也激怒了投降派，他们便上书皇帝剥夺了岳飞的军职。

岳飞无奈之下投奔了河北招讨使张所，张所以国士之礼接待他，任命他为修武郎，任中军统领。张所早知岳飞英勇，就问他："你觉得自己可以对付多少敌人？"岳飞说："作战光靠勇敢是不行的，用兵需要有谋略，有谋略才能打胜仗。"接着，岳飞又向张所谈起当前形势，他认为只有收复了黄河以北的失地，才能保卫汴京；但是黄河以南的险要之地一旦被敌人占领，江、淮一带也将受到严重的威胁。张所听后大喜，立刻将岳飞补为武经郎，命令岳飞跟随王彦渡河抗金。

到新乡时，遇到了众多金兵，王彦不敢再前进。岳飞单独率领所属部队与金兵展开了激烈的战斗。岳飞夺取了金军的大旗，并高高地挥舞着，士兵们则一鼓作气，猛打猛杀过去，终于攻下了新乡。第二天，岳飞又与金军大战于侯兆川（今河南辉县西北）。岳飞自己受伤十多处，士兵们也是各个拼死作战，终于将金兵击败。队伍乘胜挺进，一直打到太行山下。

但是由于孤军深入，粮食和军用品供应不上，时间一长便很难支持下去,加上二十五岁的岳飞争强好胜不服从王彦的领导,王彦也不支持岳飞的战斗。岳飞只好转战到汴京,投奔到宗泽门下。

1128年的春天,岳飞奉宗泽的命令,带兵渡河,接连同金军打了几仗,都获得了胜利。夏天,双方又在汜水关交战,相持不下。岳飞便挑选了三百名精兵,每人准备两束柴草,交叉缚成十字形,埋伏在前山下面,到了半夜,点燃了柴草的四端,大声呼喊着向金营猛冲过去。金军惊醒,以为有大队兵马杀到,慌作一团。岳飞带领精兵乘势追杀,打了一个大胜仗。

为了保家卫国,当时各地人民都纷纷起义,打击金军。八字军、红巾军等义军给金军以沉重的打击,牵制了金军的南下。

宗泽认为这是反攻的大好时机。他连续给宋高宗上书二十四次,要求宋高宗回到汴京,收复国土。但次次都被驳回,宗泽又气又急,不幸去世。他临终时还连喊三声:“过河!”

这时接替宗泽守卫汴京的是懦弱愚昧的杜充。建炎三年(1129)夏季,金军由统帅兀术带领,又大规模向南进攻。杜充想放弃开封逃往建康,岳飞极力劝阻,认为开封一旦失守,收复中原就很难了,杜充不听劝告,岳飞只得随军南下。

1130年4月,兀术率军攻打建康,杜充叛变投降,只有岳飞一人率兵在广德一带抗击金军,岳军战无不胜。

岳飞采取袭扰战术,加上英勇顽强,不但收复建康,还好几次大败金军。

岳飞率领的军队被称为“岳家军”,威名远扬。

岳飞治军严谨,他不仅告诉将士要勇敢、廉洁,还要纪律严格,不拿百姓一缕麻,对战死沙场的将士后代,他们代为抚养;另外,朝廷的赏赐分部分给将士。因此,宋高宗赐给岳飞一面写有“精忠岳飞”四个大字的旗子。为了笼络人心,金朝统治者在河南、山东一带建立了一个傀儡政权——伪齐。

1130年,伪齐联合金兵攻陷了邓州(今河南邓县)、随州(今河北随县)、郢州(今湖北钟祥)、襄州等地。

建炎四年五月,岳家军渡江北上。过江时,岳飞对随从说:"我岳飞不收复六郡,决不再过此江。"岳飞首先攻下郢州,随后又接连攻下了随州、襄州、邓州、唐州和信阳府,歼敌共约一万余人。至此,伪齐的主力部队完全被击溃,伪齐占领的六个州府也被岳飞全部攻下。

岳飞本来可以乘胜北进,收复更多的失地。但宋高宗担心这样会引起金朝统治者的不满,不准岳飞北进。岳飞被迫退驻鄂州(今湖北武昌)。当时的岳飞壮志难酬,百感交集,他叹惜:"靖康耻,犹未雪,臣子恨,何时灭",表示愿"驾长车踏破贺兰山阙,壮志饥餐胡虏肉,笑谈渴饮匈奴血,待从头收拾旧山河,朝天阙"。一首气壮山河的《满江红》由此作成。

绍兴六年(1136),太行山忠义社梁兴等一百多人,仰慕岳飞忠义可信,率众前来归附,岳飞看到形势对北上进军有利,便上书请求朝廷让他北伐。

六月,岳飞带领军队进驻襄州。大军向西北进发,经过长途行军,深入到河南西部。岳飞的部将王贵、董兴首先攻下了虢州(今河南陕县)。一个月之后,杨再兴又攻下了长水县(今河南洛阳宁县西南)。这次进攻,不仅重创金军,而且还夺取了金军大批的军粮和物资,使敌人损失惨重。

但是由于南宋朝廷既不派其他军队配合出击,也不接济粮食和用品,这年冬季,岳飞在后无援兵、内乏给养的情况下,下令退军。

以后的几年,金宋议和,维持着表面上的和平。

然而绍兴十年(1140),金兀术撕毁和约,向南宋发起了大规模的进攻。

宋高宗为保全自己的统治地位和性命,命令岳飞出师中原。

岳家军不到一个月,就先后收复了郑州(今河南郑州)、中牟(今河南中牟)、西京(今河南洛阳),岳飞率军进驻郾城(今河南郾城)。这样,就形成了一个口袋形的战线,从东、西、南三面包围了汴京。

而兀术不甘心失败,就把主力集中在汴京附近,要与岳家军决一死战。

兀术有一支特殊训练的骑兵队叫作"铁浮图"。这支骑兵队以三骑为一小组,以绳索互相连在一起,人和马都披上厚重的铠甲,担任正面冲锋的作战任务。另外,还有"拐子马"作为骑兵队的两翼。这支骑兵队共有一万五千人,全由金人组成,战无不胜。兀术妄想以此来击垮岳家军。

岳飞命令步兵拿着麻绳把刀或斧捆在长柄上,冲入敌人阵中,不用抬头,只管砍敌人的马腿。拐子马因用绳索互相联结在一起,一马倒下,其他两匹马便不能行动,兀术的精锐骑兵因此受到了致命的打击。

郾城战役刚结束,岳飞就命令岳云带兵前往颖昌,支援那里的守将王贵。兀术又率十万大军扑向颖昌,王贵、岳云率军英勇杀敌,战斗异常惨烈,岳云所披战袍被鲜血染红,将士们都浑身是血,却越战越勇,兀术狼狈逃窜,退回开封。

岳飞大败兀术时,中原人民纷纷引车载粮、顶盆焚香迎接岳家军的到来。金军也承认:"撼山易,撼岳家军难!"兀术准备放弃开封,渡河北撤。

抗金形势大好,收复中原指日可待。但把持朝政的宋高宗、秦桧一伙人一心想与金人议和,连忙命岳飞班师回朝,一日之内连下十二道金牌。岳飞无奈,只得下令退兵。

岳飞班师回朝后,前方收复的州郡又落入了金人之手。

三、屈死风波亭

秦桧,江宁(今江宁南京)人。北宋灭亡后,他和徽宗等人一起被金朝统治者掳到北方。这个没有骨气的小人用奉承讨好的手段，又巴结上了金朝的军事统帅。建炎四年（1130）十月，他随金军南下攻宋，金军放他回了南宋，让他做内应。

由于臭味相投，宋高宗十分赏识这个无耻的民族败类，并让他做了宰相。他不忘挞懒的嘱咐，提出天下"南自南，北自北"的议和主张，并向挞懒呈上求和书。

对于秦桧的卖国行为，岳飞极力反对。他几次上书说明议和并不可靠，并痛骂奸臣误国，因此，秦桧对岳飞恨之入骨。

岳飞的抗金活动敌不过背后的冷枪。他回到临安之后，便陷入了秦桧设置的罗网之中。

绍兴十一年（1141），秦桧请求宋高宗封韩世忠、张俊为枢密使，岳飞为枢密副使。枢密使虽为全国军政的最高长官，但只有调兵的权力，不能直接统率军队。这样，宋高宗在秦桧的帮助下，使用明升暗降的手法，顺利地解除了韩世忠、张俊、岳飞等三位宣抚使的统兵权。这年的七月十六日，秦桧指使其党羽右谏议大夫万俟卨弹劾岳飞，诬陷他"志得意满，日以颓惰"，散布"山阳（楚州旧名）不可守"、"沮丧士气"，并造谣说淮西之役岳飞抗旨不遵，欲置岳飞于死地。宋高宗对弹劾的奏章予以赞同，岳飞被迫提出辞职。八月，宋高宗下诏免去岳飞枢密副使之职。

九月，秦桧与张俊又密谋诬陷岳飞，并指使张俊诬告岳飞部将张宪谋反，并将张宪、岳云关入大理寺狱。十月，岳飞也被骗入狱，秦桧命御史中丞何铸、大理卿周三思审讯，岳飞裂衣示其背上所刺的"精忠报国"四字，以示明鉴。何铸知道岳飞是无辜的，于是向朝廷力辩其无辜。秦桧又改命万俟卨主审此案。秦桧及其党羽又捏造了许多莫须有的罪名加到岳飞身上，他们严刑拷打岳飞，逼岳飞承认那些罪名。

任凭严刑拷问，岳飞始终没有屈服，最后只在供状上写下"天日昭昭！天日昭昭！"八个大字。

十二月二十九日,宋高宗和秦桧竟然以"临军征讨稽期"和"指斥乘舆"等莫须有的罪名将岳飞毒死,张宪、岳云亦被斩首,岳飞死时年仅三十九岁。岳飞、张宪的家属则被分送广南、福建路拘管。

　　岳飞惨遭杀害之后,天下百姓无不垂泪,甚至连三岁的孩童都切齿痛恨卖国贼秦桧。宋孝宗即位后,立即为岳飞平反,赐岳飞谥号武穆。到嘉靖四年(1204),宋宁宗赵扩又追封岳飞为鄂王。

施耐庵

施耐庵,元末明初的文学家,博古通今,才气横溢,举凡群经诸子、词章诗歌、天文、地理、医卜、星象等一切技术无不精通。35岁曾中进士,后弃官归里,闭门著述,与拜他为师的罗贯中一起研究《三国演义》《三遂平妖传》的创作,搜集、整理关于梁山泊宋江等英雄人物的故事,最终写成"四大名著"之一的《水浒传》。

一、用功读书

元朝末年,太湖边上有一户姓施的人家。这家人以摆渡船为生。施家虽然贫穷,但是他家的儿子施耐庵却是一个很有志气的孩子。

每天,施耐庵送父亲去湖边上船,总要经过一座学堂,听到里面传出朗朗的读书声,他羡慕地对父亲说:"让我也去读书吧!"父亲为难地摇摇头,没有说话。后来,父亲见他太想读书了,就借钱让他上学。施耐庵读书很用功,记性又好,他读过的经书和史书,很多都能整篇背诵。遇到老师提问,他总能对答如流。

有一次,邻居家的一位老人去世了。按照当时的规矩,要请一位文笔好的人,写一篇祭文,来表示对死者的哀悼,于是有人就去请李秀才。可是等了半天,李秀才也没来。邻居家的人着急了,就把施耐庵叫来了,让他帮着写篇祭文。他刚写好祭文放下笔,李秀才进了门。人们就把文章拿给李秀才看。李秀才惊奇地瞪大了眼睛,称赞道:"小小年纪,竟有这等才气,难得啊!"

二、德才兼备,举荐科考

施耐庵长大以后,看了不少民间流传的杂书,特别是喜欢看关于历代兴亡和战争的故事。书中描写的那些重义气、舍己助人、武艺高强的英雄,让他十分敬佩。他也学着英雄大侠的样子,经常舞刀弄棒,练习武艺,还为遭受冤屈的百姓仗义执言,打抱不平。施耐庵对父母也很孝敬。父亲生了病,他和妻子守在床边,送水喂药,彻夜不眠。这样,到了参加科举考试的时候,地方

宋江画像

水泊梁山的农民起义军领袖宋江,人称"及时雨"、"呼保义"。

官推荐了施耐庵,说他是个品德好、才学高的读书人。

施耐庵在35岁这年的科考中中了进士,被派到钱塘做了个小小的地方官。

三、辞官著书

施耐庵从钱塘弃官回来,在苏州城东南隅的施家桥开学授徒。四乡八邻,纷纷慕名前来投师。一天,一位商人领着个十四五岁的少年,前来拜谒施耐庵。这个商人姓罗,是山西太原人,经常往来于苏杭做生意,久闻施耐庵大名,这次是专程带儿子罗贯中来投师求学。施耐庵见罗贯中生得眉清目秀,谈吐文雅,心中十分喜爱。

冬去春来,施耐庵痛感自己有志救民,无处展才。有一天,他路过书铺,看到不少手抄元人话本,其中有一本名叫《张叔夜擒贼》,是讲梁山泊宋江等108人故事的。他不惜高价买了回来。打算以此为线索,把其他有关梁山泊故事的话本内容加以糅合,写出一部《江湖豪客传》。

施耐庵在施家桥大部分时间和精力都花在写作和修改《江湖豪客传》上,眼看全书即将写完,他又觉得书名不够含蓄,想换一个。罗贯中看出了老师的心思,就向他建议说:"老师,书名就叫《水浒传》吧!"施耐庵觉得这个意见很好,说:"水浒,就是水边,含有'在野'的意思,还有典故,诗经上有'古公亶公,朝来走马,率西水浒,至于岐下',是歌颂周代发祥史的。这部书是写起义英雄的,叫它'水浒',非常合适!"

施耐庵死后,罗贯中把施耐庵留下的书稿作了番整理后,即刻动身到全国的刻书中心——福建的建阳去,准备把《水浒传》刻印出来。可是,那里所有的书坊没有一家敢承印。

过了150年,《水浒传》才由坊间刻印出版。可惜的是,这个最早的《水浒传》版本,几经改朝换代,人世沧桑,只剩下一个5回残本。明万历十年(1582),有个化名"天都外臣"的人,根据民间抄本,自己写了个序,重新刻印问世,这就是我们今天看到的古本《水浒传》。

　　施耐庵是我国历史上著名的小说家,他在小说《水浒传》中塑造了108位栩栩如生的英雄人物,他们的故事在民间广为流传,《水浒传》也成为我国古代四大名著之一。

郑 和

郑和，本姓马，小名三保，回族，云南昆阳州（今昆明市晋宁县）宝山乡和代村人，中国明朝杰出的航海家、外交家。

郑和率领当时世界上最大的船队，劈波斩浪，先后七次下西洋，纵横海域，航程共达十六万海里，谱写了世界航海史上的壮丽篇章。

一、入宫为官

郑和是回族人，原本姓马，名和，小字三宝，出生在世代信奉伊斯兰教的家庭里郑和的祖父及父亲都曾到伊斯兰教圣地麦加朝圣过。出生在伊斯兰教名门望族的郑和自幼受到过良好的教育，并对西洋事物有所耳闻。

郑和在小时候因家乡发生战乱被明军掳走、阉割，送入宫中成为宦官，分派到燕王朱棣的府邸。《明史》中称郑和"自幼有才志"、"丰躯伟貌"、"博辩机敏"，后来因为在朱棣夺取皇位的"靖难之役"中立下战功，明成祖朱棣赐他姓郑。从此，他就改名为郑和，并做了内宫太监总管。

明成祖即位后，希望加强与东南亚国家的联系，借此炫耀大明帝国的国威。因郑和的祖父和父亲都从海路到过伊斯兰教圣地麦加，郑和自幼受家庭影响具有探险精神，加上郑和本人精明能干，为明成祖的心腹之人，所以郑和便成了下西洋的首要人选。

郑和宝船复原图

郑和的指挥船属于船队中的旗舰，是其中最重要和最庞大的船，故称为"宝船"。

二、七下西洋

1405 年，郑和奉明成祖之命率领翻译、军士、医生、商人、水手等两千七百多人，带着大量的丝绸、瓷器、粮食等物资，分乘六十二艘大海船和二百多只小船，开始了第一次远航。船队从太仓刘家港出发，经过福建长乐，首站到达占城国首都，以下航站依次是爪哇苏鲁马、苏门答腊南部旧港、马来半岛西岸的满剌加（今马六甲）。

船队到达满剌加时，受到满剌加国王的热烈欢迎。郑和宣读了明朝皇帝的国书，并向满剌加王赠送了礼物，还立碑纪念两国友好关系的建立。郑和在满剌加建立了仓库，作为下西洋途中的中转站，这个中转站对郑和航海任务的顺利完成起了很大的作用。

郑和船队在满剌加停留一个月之后，又到了印度洋半岛西南部著名的大商港古里（今卡利卡特），这里是郑和第一次下西洋的终点。郑和也向古里王递交国书，赠送礼物，立碑纪念。郑和还和古里商人通过有趣的摸手议价方式进行贸易。结束了对古里的访问之后，郑和开始起航回国。在路过三佛齐国时，遭到了当地恶霸酋长陈祖义的袭击。郑和一举消灭了陈祖义的恶势力，为海上往来的客商除掉了一大祸害，使这一带的海域畅通无阻。当地人民无不拍手称快，感谢郑和英勇除贼的义举。1407年，郑和结束了第一次远航，顺利回到了南京。

此次航行中，郑和船队与所到国建立了友好关系，并参与到当地的政治斗争和贸易体系之中，此后，郑和在明成祖的支持下又进行了航行时间一年至两年不等的五次远航。其中在1409年进行的第三次远航中，郑和船队抵达锡兰时，有些侨居锡兰的中国人听说后赶来向郑和申诉，说国王亚烈苦奈儿很歧视中国人，经常虐待来此礼佛的中国僧人，于是郑和智平锡兰，使锡兰国王从此改变了对明朝及其侨民的态度。

1413年，郑和奉命第四次远航，他带领船队横渡印度洋，前往波斯湾。这一年的冬天，郑和顺着以往开辟出来的航线，先到达了占城，后又访问了东南亚诸国，并到了苏门答腊，遭到苏门答腊叛军的袭击。郑和联合国王进行反击，活捉了叛军，使得苏门答腊的局势稳定下来。

明仁宗即位后，听从朝中某些大臣的意见，认为下西洋过于浪费、收效不大，宣布停止下西洋的活动。不到一年，仁宗病逝，宣宗即位，宣宗在1431年再次派郑和下西洋。这次是郑和第七次下西洋，他在返航途中与世长辞，终年62岁。

郑和七下西洋到达亚非30多个国家和地区，促进了明朝同各国人民之间的睦邻友好往来和经济、文化交流。后来，亚洲许多国家都先后派遣使节来华。有些国家还一直保存着纪念郑和的古迹，如印尼的三宝垅、三宝洞，泰国的三宝寺等。郑和下西洋不仅是中华民族历史上的伟大创举，也是世界航海史上的伟大壮举。

李时珍

李时珍,字东璧,晚年自号濒湖山人,湖北蕲州(今湖北省黄冈市蕲春县蕲州镇)人,汉族,生于明武宗正德十三年(1518),卒于明神宗万历二十二年(1593)。中国古代伟大的医学家、药物学家。李时珍曾参考历代有关医药及学术书籍八百余种,结合自身经验和调查研究,历时二十七年编成《本草纲目》一书,它是我国古代药物学的总结性巨著,在国内外均有很高的评价,已有几种语言的译本或节译本。

一、志在从医

李时珍出生于医学世家。他的祖上几代都以行医为生,父亲李言闻在家乡一带颇有名望,很受乡民的爱戴。李时珍受家庭环境影响,从小就对医药学产生了浓厚的兴趣。但是在中国古代,尤其是八股取士的明代,整个社会都提倡"万般皆下品,唯有读书高",医学更被认为是末学杂流,所以父亲希望他通过科举考试,求取功名,进入仕途,摆脱行医的命运。

明世宗嘉靖十年(1531),14岁的李时珍在乡试中中了秀才,父亲李言闻特别高兴。在父亲的督促下,年幼的李时珍不得不扔下心爱的医书,念起八股文来,但他3次到武昌参加考取举人的乡试,都以失败而告终。最终,他下定决心放弃仕途,和父亲、哥哥一样悬壶济世,为天下黎民百姓解除痛苦。但是在很长一段时间内,他都未能说服父亲让自己学

李时珍采集草药图

为了编著《本草纲目》,李时珍不辞劳苦,亲自采集草药标本,积累了大量第一手资料。

医，直到他成家后，无奈的父亲才同意了他的要求，放弃了让他从仕的打算，开始指导他学医。

二、十年苦学

嘉靖二十四年（1545），蕲州发生了一场水灾，李时珍跟着父亲为群众诊病，救死扶伤，忙碌了好些日子，得到了同乡们的称赞。这一阵忙碌使李时珍清楚地认识到，自己的所学所知还远远不够，要想真正行医挂牌，还得苦心钻研，积累书本知识和实践经验。在李时珍那个时代，医学和药学是不分家的，中药学以中医学的理论为根据，要想研究好药物学并取得重大成就，就必须首先精通医道。于是李时珍专心致志地研究起各家的医书来，并把研究的心得体会用于临床实践，再根据实践经验，琢磨各家著述中的得失，加以取舍或者纠正。由于父亲的关系，李时珍同当地的医学大家来往都比较密切。医学大家里所珍藏的大量医书，为李时珍钻研医学理论创造了最好的条件。有时，他也会到外地去，向渔夫、猎户、樵夫、农民、药户等人请教，并仔细观察，反复试验，因此对各种药物的形态和性质都有了深刻的了解，也搜集到了许多来自民间治病的偏方。冬去春来，转眼间十年过去了，李时珍通过这段时间的学习和实践，积累了丰富的知识和经验。

李时珍塑像

李时珍塑像坐落于湖北省蕲春县蕲州镇的李时珍陵园里，它矗立在李时珍墓地的正中央，是一尊白色大理石半身塑像。

三、编写《本草纲目》

医药行业的特殊性使李时珍对前人著作中的错误产生了一种深深的忧虑，这种情绪促使他想编写一本新的医药学书籍，以纠正并整理前代及本代药物学的散失资料。

正当李时珍为自己的构想紧张工作时，楚恭王府里派专人来蕲州聘请李时珍到王府去担任"奉祠正"，并以这个名义兼管王府的"良医所"。李时珍接受了聘请，他在任职期间，一有时间，就继续写《本草纲目》，并记录下他所接触到的一切药方。

嘉靖三十七年（1558），朝廷下令各地推荐医术高明的医生进太医院，填补缺额，楚恭王就推荐了李时珍，于是李时珍出任太医院判。在京生活的这段经历大大丰富了李时珍的知识和见闻。太医院管辖的寿药房、御药库里藏品丰富，不但有全国各地进贡来的药物，还有舶来的外国珍贵药物。

一年之后，为了更广泛地收集医书资料，李时珍便托病辞职回乡。从此，他便周游四方，到各地实地考察，把全部精力投入到宏大的《本草纲目》编写工作之中。

李时珍先后到过湖北的武当山、江西的庐山以及安徽、河南和河北等地，采集了大量的标本，做了详细记录。在对药物进行考察和试验时，李时珍往往不顾个人安危。历经二十余载，李时珍终于完成集毕生心血的伟大著作《本草纲目》，对后世药物学的发展做出重大贡献。

徐霞客

徐霞客，名弘祖，字振之，号霞客，汉族，明南直隶江阴（今江苏江阴市）人。伟大的地理学家、旅行家和探险家。明崇祯十年（1637）正月十九日，由赣入湘，从攸县进入今衡东县境，历时55天，先后游历了今衡阳市所辖的衡东、衡山、南岳、衡阳、衡南、常宁、祁东、耒阳各县（市）区，三进衡州府，饱览了衡州境内的秀美山水和人文大观，留下了描述衡州山川形胜、风土人情的15000余字的衡游日记。他对石鼓山和石鼓书院的详尽记述，为后人修复石鼓书院提供了珍贵的史料。

一、志在远游

徐霞客,名弘祖,号霞客,其祖上是江阴的名门望族。其父为人耿直,厌恶达官贵人,喜好研读地理、游记一类的书籍。父亲的性格和兴趣爱好,对徐霞客产生了深远的影响。

徐霞客自幼特别喜爱读历史、地理和游记之类的书籍。明神宗万历三十五年(1607),22 岁的徐霞客第一次走出家门。他首先游览了家附近的太湖,"登眺东、西洞庭两山,访灵威丈人遗迹"。自此以后,他迷上了旅游,也迷上了写旅游日记。他的旅行时间多则六个月,少则一两个月,游踪限于内地经济文化发展较早、交通比较方便的地区。此时,他旅游的主要目的是勘察历史名山,饱览江山奇秀风光,同时了解山河大势,考订某些山海图志的正误。

在明代,华山、衡山、泰山、黄山、庐山等虽已是天下知名的胜地,但并没有良好的游览条件。徐霞客进入这些大山,并非为了寻找个人情感的寄托,而纯粹是为了探索山水之奇,因此他的探索路线是平常游人罕至的。越是危险的地方,越是神秘的地区,他越要游个痛快,看个究竟。

徐霞客的母亲是一个能干的妇女,性格开朗,通情达理,勤劳持家,精于纺织。她不顾年老体衰,承担一切家务,支持徐霞客去旅游。她亲自为儿子准备行装,缝制衣帽,以壮行色。正因为有这位伟大母亲的支持,徐霞客才能不畏艰险,不惧寒暑,遍游祖国名山大川。

二、"蛮荒"之行,一路艰险

50 岁那年,徐霞客开始了一次路程漫长的旅行,花了整整 4 年时间,游历了湖南、广西、贵州、云南 4 省,一直到我国边境腾冲。他跋山涉水,到过许多人迹罕至的地方,攀登悬崖峭壁,考察奇峰异洞。有一次,他在腾冲经过一座高耸的山峰时，发现悬崖上有一个岩洞，根本没路可通。他冒着生命危险，像猿猴一样爬上了悬崖，终于到达了洞口。

还有一次，他在湖南茶陵，听说当地有个麻叶洞，洞里有神龙和精怪，没有法术的人都不敢进洞。徐霞客不信神怪，他出高价雇了个当地人当向导，进洞考察。正要进洞的时候，向导问他是什么人，当他知道徐霞客只是个普通读书人的时候，吓得直往后退，说："我以为您是什么法师，才敢跟您一起进洞，原来是个读书人，我才不冒这个险呢。"

徐霞客并不罢休，带着他的仆人举起火把进洞。村里的百姓听到有人进洞，都拥到洞口来看热闹。徐霞客在洞里考察了很久，一直到火把快烧完才出来。围在洞口的百姓看他们安全出洞，都十分惊奇，说："我们等了好久，以为你们一定给妖精吃了呢。"

徐霞客漫游西南的时候，除了随身的一个仆人外，还有一个名叫静闻的和尚和他们做伴。有一次，他们在湘江乘船的时候，遇到了强盗，行李财物被抢劫一空，静闻和尚因为受伤，在半路上死去。到最后，连他随身的仆人也离开他逃走了。但是这些挫折都没有动摇他探索自然的决心。

三、猎奇探险，勘误考证

为了探寻自然界的奥秘，徐霞客猎奇而从，见险而行，登山必登最高之巅，下洞必下最深之地。他不信邪，不信鬼，无论是"神龙精怪"，还是巨蟒猛兽，都无所畏惧。这正是他能发现和认识自然界奇观异象的根本原因所在。

徐霞客在艰难的探险中，以亲眼所见的事实，修正了许多古代地志的错误之处，破除了若干迷信臆说。他从朴素的科学方法出发，阐明了地下水压力原理，得出河水的流速与流程成反比的分析结论；观察到地

云南第一洞——沪西阿庐古洞，是徐霞客探寻的古洞之一。

形、气温、风速能对植物生态产生影响。他还实地勘查了100多个石灰岩溶洞，正确指出岩溶地貌的成因和特征。他的这一发现，早于欧洲人两个世纪。别外，徐霞客用目测步量取得的数据，与现代测量结果十分相近。尤其可贵的是，他在长期的游历活动中，每天不论旅途怎样劳累，总要把当天的经历和考察情况详细记录下来。可惜他的原稿大都散失了，保存下来的大概不及原来的六分之一。后人整理这些资料，编辑成了闻名于世的《徐霞客游记》。中外学者一致认为这部著作提出了许多超越前人的科学论断。

李自成

李自成出身于农民家庭,是中国历史上著名的农民起义领袖之一,号闯王。明末政治腐败,民不聊生,农民起义风起云涌。李自成凭着超人的胆略和勇猛在众多的农民起义军中脱颖而出,提出了"均田免赋"等口号,深得广大人民的欢迎,当时有"迎闯王,不纳粮"的歌谣。李自成建立大顺政权,年号永昌。攻进北京、推翻明王朝后,他只控制了北京短短几日,便在清兵和明将吴三桂的夹攻下仓皇撤离,兵败南下,于九宫山遇害身亡。

一、少年多难

李自成（1606—1645），陕西米脂县人，生于一个普通的农民家庭。他家中非常贫困，从小便经受了艰苦生活的磨练。

李自成八岁的时候，父亲李守忠把他和李自成的侄儿李过送到私塾去读书。无论生计怎么艰难，李守忠还是勒紧腰带，供他们上学。可是，李自成和李过叔侄二人好像都不是读书的材料，经常逃学。然而也正是这几年的读书生活，使李自成粗通文墨，成为他日后驰骋天下的重要资本。李自成对练武特别感兴趣，他想练就强壮的身体，凭武艺打遍天下。父亲见他们读书不成，只好给他们从延安请来一个姓罗的武术教头，教他们习武。习武讲究武德，如要扶危济贫，除暴安良，不轻易伤人，大度容人等，这为他以后成为农民起义的领袖提供了重要条件。

李自成由于受大户人家欺辱，从小就仇视大户人家。为了谋生，李自成为当地富户放过羊。后来他还做过雇工、锻工、酒佣。李自成二十岁时，父亲去世了，养家的重担落在了他的肩上，什么累活、苦活他都干过。

陕北地处三边军事要地，有许多驿站。李自成二十一岁时，到银川驿站当了驿卒。驿卒的主要任务是传递公文，护送重要宾客和过往官员，运送重要物资。这段时期使李自成了解了官府的许多事，对明王朝的腐败也有了深切的感受。李自成当驿卒时，不断地出事故，幸而有不少人为他说好话，才算保住了饭碗。由于工钱不足以养家，李自成不得不举借外债。又由于不能按时还债，李自成常遭毒打。在当地实在是无法呆了，于是李自成叔侄二人便决心去外面闯天下。

二、名扬天下

明朝后期，政治极其腐败。崇祯皇帝宠爱郑贵妃，整日居于后宫，国事荒废。各级官员趁机贪赃枉法，中饱私囊。而此时辽东女真的兴起也加剧了明后期的社会危机。女真在努尔哈赤领导下,把明朝军队打得溃不成军,辽东大部分地区都被清军占领。为对付清军,明朝不得不扩充军费,这就更加剧了老百姓的负担。加之明后期水利失修,大大削弱了抵御自然灾害的能力,陕西一带常闹饥荒,竟出现了人吃人的现象。这一切只能把老百姓逼上造反的道路。

天启七年(1627),在陕西澄城发生了以王二为首的农民武装起义,揭开了以陕西为中心的明末大起义的序幕。这时,号称"八大王"的张献忠和号称"闯将"的李自成拉起队伍,投身到起义中来。李自成先是在不沾泥(即明末农民起义初期首领张存孟)军中,后见张存孟胸无大志,于是便带领李过和一小队人马投靠了高迎祥。明政府对农民起义大为震惊,便派重兵前往陕西镇压,这样高迎祥和李自成便转战山西一带。由于李自成英勇善战,又有谋略,他率领的军队逐渐成为最强大的一支。

山西和陕西只有一河之隔,农民军忽来忽往,非常方便。很多农民加入到起义军中来,李自成也逐渐成为起义军的中坚力量

李自成和高迎祥紧密配合,从山西撤出,进入河南,活动在黄河以北地区。

李自成渡过黄河后,以迅雷不及掩耳之势迅速占领了渑池和伊阳县城,不久又攻克了卢氏县城。这里地处中原,是明王朝的心脏地区。河南巡抚玄默见战火烧到后院,不免有些恐慌。他派两员大将率兵死守洛阳,以阻止起义军向东发展。

农民军渡过黄河后,兵分三路,向东猛打。虽然不断有新生力量补充,但军事进展并不是很顺利,因此农民军不得不主要活动在河南、湖广、四川交界处的山区。于是,李自成和高迎祥便打算重返陕西。

李自成诸部返回陕西后,陕西各地便到处烽火连天,各级官府非常恐慌。因此,明朝老将洪承畴亲自前去平乱。他指挥各路官军对农民军围追堵截,使李自成在陕西很快陷入了困境。农民军损失惨重,李自成部又进入河南。

在河南,农民军接连攻克许多地方,崇祯皇帝又急命洪承畴出关入豫,镇压农民军。面对官军的巨大压力,农民军首领在荥阳召开了"荥阳大会",共商突围大计。事实证明,这次大会对打破官军的围剿发挥了关键作用。

荥阳大会后,农民军攻占凤阳,并烧毁了明皇陵享殿。在凤阳呆了三天后,李自成和高迎祥又辗转返回陕西。在陕西,李自成接连消灭了艾万年和曹文诏两员明将,使明军遭到沉重打击。明廷大为震惊,崇祯帝于是任命卢象观为总督,负责关外围剿事宜,洪承畴则负责关内,协同围剿农民军。

三、败而不馁

武将孙传庭接任陕西巡抚后,和洪承畴密切配合,对陕西农民军展开大规模的围剿。而高迎祥则是农民军的盟主,势力最强,因而成为他们要围剿的最主要的目标。在黑水峪之战中,明政府对农民军采取分化瓦解政策,不少士兵投降,高迎祥最终因寡不敌众被俘,后被押往京师处死。

高迎祥之死对农民军打击很大,不少农民军首领纷纷向明军投降。李自成得知高迎祥被杀后,忍住悲痛,继承了"闯王"的称号,继续与明军周旋。

崇祯十年(1637),李自成在陕西接连受挫,便打算南下四川。此时,张献忠的军事力量很快壮大,明军就把主要精力用在他身上,暂时忽略了四川的防务,这恰好为李自成入川提供了条件。

五月,李自成率部进入四川。但是他们围攻成都二十多天,却未能攻下,只好打回陕西。

为了镇压农民军,明政府采用剿抚并用的方针,许多农民军首领招抚。面对这种情况,为缩小目标,李自成将西部农民军分成三部,分别与明军周旋。在陕西,李自成面临的处境也不好,但他一直坚持与明军对抗,坚决不接受招安。为摆脱困境,李自成打算再进河南。然而,洪承畴早已察觉到他的动向,事先做下埋伏,专等李自成前来。在潼关南原,李自成的队伍基本上全军覆没。潼关南原大战是他损失最为惨重的一次。

潼关南原大败后,李自成和少数亲信隐藏在商洛山中。就在此时,清军也向明王朝大举进攻,逼近京师。崇祯皇帝急调洪承畴和孙传庭回京。洪、孙二人的回京,使农民军获得了喘息的机会。李自成趁机慢慢积蓄力量,以图东山再起。为争取张献忠,李自成亲自去谷城劝张献忠再起兵。崇祯十一年(1638),李自成在谷城与张献忠相会,张献忠送他马、骡各五十匹,还有一些衣甲。

崇祯十二年(1639)五月,张献忠于谷城复叛,罗汝才等部也纷纷响应。持续一年多的抚局终于被彻底破坏。得知这一消息后,李自成精神大振,于是马上召集部下,准备再次起义。但由于人数不多,李自成便和张献忠、罗汝才合兵一处,同时保持相对的独立性。

明军又把矛头对准张献忠,罗汝才这时为自保又接受招抚,李自成只好率领部下去巴西鱼腹诸山躲避。在艰难的处境中,李自成分析了当时的形势,悄悄地进入了陕西,后来又由陕西突入河南,力量迅速得到发展和壮大。"迎闯王,不纳粮"这一口号逐渐为人们所认同,成了他们的希望所在。

随着李自成农民军顺利进军,一些文人开始投靠李自成,为他出谋划策,其中最有名的有李岩、牛金星和宋献策。他们的加入提高了李自成的策略意识,同时也使李自成的队伍迅速发展壮大

崇祯十四年(1461)一月,李自成农民军攻占洛阳。福王朱常洵却把拿钱付军饷看成是侄子崇祯皇帝的事,根本不管老百姓的死活,老百姓对他恨之入骨,城中士兵也不愿为他卖命,最终,他被农民军抓获杀掉。崇祯皇帝得知福王被杀后,感到自己的末日也即将来临。

四、建立政权

李自成攻克洛阳后,挥师东进,攻打豫东重镇开封。开封是朱元璋第五子周王朱恭枵的封地。朱恭枵是个颇有心计之人,能团结城中军民固守,因而李自成在攻城时连连受挫。崇祯十四年九月,在马家庄之战中,明将傅宗龙被抓获,李自成开始掌握战场上的主动权,接着又攻陷了河南的许多州县。崇祯十四年年底,李自成再次率大军围攻开封,但久攻不下,只好从开封撤围。

李自成前往郾城迎击左良玉,并攻占了河南许多州县,大体扫清了开封外围部队,接着第三次围攻开封。明军为坚守开封,使黄河决堤,结果使开封和河南许多地区都淹没在一片汪洋之中。在"柿园之役"中,李自成将孙传庭击溃,又在汝宁之战中俘杀了总督杨文岳。河南一带已没有能抵挡李自成的明军。李自成占领信阳等地后,便南下湖广。

李自成南下湖广后,在崇祯十五年年底攻占了重镇襄阳,左良玉东逃。接着又攻占了承天府,并摧毁了嘉靖皇帝父亲的陵墓。李自成攻占襄阳后,想把荆襄地区建成自己的根据地,因此急于想攻下郧阳,建立一个稳固的后方基地,但未能攻下。

明末造反的农民军原有许多支,但他们互不统属。随着力量的壮大,李自成便开始考虑建立政权。崇祯十六年(1643)二月,李自成在襄阳设官建制,初步建立了各级机构,历史上称为襄阳政权。两个月后,李自成正式称新顺王。

1643 年 10 月,随着李自成大败孙传庭,并攻克潼关,通往西安的门户被打开。农民军攻占西安,后又攻略三边,并旁及山西、青海部分地区,从而基本上控制了西北地区,为进军京师建立了一个相对稳定的后方。

当年年底,李自成雄踞西安,东控河南,西控陕甘,南扼荆襄,于是便在第二年元旦正式在西安建国,国号"大顺",年号"永昌",并对官制重新加以修订。李自成在西安建国后,清廷向他致书,想与他合力攻打明朝,但李自成并未对此作出积极的反应。

李自成对明朝的毁灭性打击、张献忠和辽东清军对明王朝的巨大威胁，加快了李自成的胜利进军。明王朝此时已是危在旦夕，崇祯帝感到末日已近，整日愁眉不展。他反复掂量后选任李建泰担任督师，但李建泰却在兵败后投降李自成。面对这种情况，崇祯皇帝想把京师迁往南京，但仍狐疑不决，又因调吴三桂入关不成，只能坐以待毙。

崇祯十七年（1644）正月初八，李自成亲率大军由长安出发，向北京进军。渡过黄河之后，他命刘芳亮率左营沿黄河北岸东进，攻占了晋南和河北等地，截断了崇祯南逃的退路。李自成率主力经太原、大同、宣府等地从北边夹击北京。

崇祯十七年（1644）三月，李自成的各路大军进逼北京。北京陷落，崇祯皇帝于煤山（今景山）自缢，从而结束了明王朝近三百年的统治。

李自成在西安所建立的大顺政权的基础上，进京后又进一步加以完善。在中央政权方面，李自成设立天祐殿，相当于明代的内阁；同时还设立了吏、户、礼、兵、刑、工六部。在地方政权上，他重视地方政权的建设，每占一地就委官治理。占领北京后，宣布愿意归降大顺政权的明朝官员仍照任旧职。他还建立了比较完备的军事制度，并实行了屯田制。

五、九宫山遇难

吴三桂长期驻守山海关，他的队伍是明廷抵御清兵的主要力量。当他得知李自成占领京师后，遂率军返回山海关，密切关注形势的变化。李自成为招降吴三桂做了一些工作，但由于李自成大将刘宗敏霸占陈圆圆，使吴三桂一怒之下重新夺回山海关，致使招降工作功亏一篑。

李自成和吴三桂两军在西罗城展开激战。李自成的军队处于优势，吴三桂便请多尔衮出战，吴军士气随之大振，李自成兵败，急命撤军。

李自成攻占北京后，由于策略和管理上的失误，军纪涣散，一些官员也滋生了腐化享乐思想，使得人心浮动。李自成兵败山海关的消息传到京师后,人心更加惶恐不安。在这种情况下,李自成仓促称帝后撤离北京。多尔衮乘机率清军进入北京,待社会秩序安定后,便马不停蹄地急追李自成。

李自成兵败山海关和撤离京师的消息一传出,原来已归顺李自成的明朝将领便纷纷反叛,清军便迅速占领了京师的大片区域。李自成为了挽救被动局面,经山西向关中撤退。

关中是李自成的根据地,因此李自成亲赴前线指挥作战,坚守关中,以图发展。而此时的张献忠不再支援李自成,而是向川北发展,在成都建立大西政权。十月中旬,清兵向陕西推进之后,准备由陕北南下,一举摧毁西安的大顺政权。李自成得知清兵进攻陕西的消息后,决定集中力量加强陕北的防务。但潼关的局势变得非常危急,于是李自成改变计划,向潼关进发。

经过几番激战,潼关失守。此时,李自成意识到失守关中已成定局,于是决定放弃西安,经南田、商洛地区向河南和湖北交界地区撤退。放弃关中是大顺政权的一次战略大撤退,此后,李自成的处境越来越艰难。

李自成放弃西安后,经湖北和河南交界地区向东南方向撤退。而此时清军紧追不舍,大顺军也一直未能组织起有力的抵抗。次年三月,李自成大军逼近承天,镇守武昌的左良玉向南京的福王政权告急。李自成声称要夺取武昌,使左良玉非常恐慌。一个月后,李自成的大顺军兵不血刃就进入了武昌,但由于清兵进军迅速,李自成在武昌也只停留了两天,便顺江东下,向九江进发。

当李自成撤到九江富池口时,被清兵追上,在两军交战中,李自成损失非常惨重。李自成于是从九江掉头向西南方向撤退,以打破这种被动局面。当李自成退到通山县九宫山一带时,清军又尾随而至,对大顺军展开了大规模围攻。大顺政权永昌二年五月的一天,李自成在九宫山被乡勇打死。至此,李自成戎马倥偬的一生宣告结束。

李自成在中国历史舞台上纵横驰骋十几年,部众曾达到百余万,几经失败,几经再起,这不是一个凡夫俗子所能做到的。他胸怀大志,意志坚强,生活俭朴,宽以待人。他还在长期的军事生涯中,逐渐形成了自己的一套战略战术,一种颇有特色的军事思想。他痛恨官府和富户剥削农民,提出"均田免粮"、"三年不征"的口号。

但是,由于李自成小农意识严重,同封建时代其他农民起义领袖一样,他也有皇权主义思想,建立政权后,便称王称帝。他未能始终如一地严肃军纪,致使大顺政权很快失去了民心而导致最终失败。这就是李自成的一生,历史造就了他,他也影响和推动了历史。

康　熙

清 圣祖仁皇帝爱新觉罗·玄烨，即康熙帝，清朝第四位皇帝、清定都北京后第二位皇帝。年号康熙：康，安宁；熙，兴盛——取万民康宁、天下熙盛的意思。他8岁登基，在位61年，是中国历史上在位时间最长的皇帝。他是我国统一的多民族国家的捍卫者，奠下了清朝兴盛的根基，开创出康乾盛世的大局面，是一位英明的君主、伟大的政治家。谥号合天弘运文武睿哲恭俭宽裕孝敬诚信功德大成仁皇帝。

一、严于律己的少年皇帝

幼年时,康熙接受了近乎苛刻的教育。他5岁即入书房读书。每天凌晨,天空还闪烁着寒星,幼小的康熙就戴上特制的红绒绣顶的小冠,穿上小袍小靴,从乾清门入宫。因年龄太小,跨不过门槛,他还要太监抱进门内。他读书非常勤奋,哪怕有一个字不明白,也要寻根问底。

康熙8岁登基,登基后更是严于律己,平日里手不释卷。在康熙10岁的时候,有一次,一位大臣得到一只罕见的黄鹦鹉,将它放在黄金做的笼里进献给康熙。活蹦乱跳的鹦鹉确实讨人喜欢,尤其是它时不时冒出一句"皇上吉祥"之类的俏皮话,惹得大家哈哈大笑。康熙也颇有些心动,很想收下,但想起祖母曾告诫他不要玩物丧志的话,脸色立即变得严肃起来,严令将鹦鹉退回,并重重地训斥了这位大臣一顿。

二、智擒鳌拜

康熙登基后,除祖母亲自辅佐外,还有4位辅政大臣。其中一位辅政大臣鳌拜,从不把康熙放在眼里,不仅敢同康熙当面争吵,要他认输,还敢擅改他的诏书。鳌拜不仅大权在握,还大肆扶持党羽。康熙在14岁开始亲政后,两人的矛盾愈来愈深。为此,康熙决定铲除鳌拜。

康熙以演习摔跤为名,从各个王府中挑选了一百多名亲王子弟做他的侍卫,组成善扑营,每天和他们一起练习蒙古摔跤。不到一年,这些人都练就了技艺高超的摔跤术。鳌拜看到之后,以为皇帝年少贪玩,胸无大志,就更加放心了。有一天,练完摔跤之后,康熙问侍卫们:"你们是害怕我还是害怕鳌拜?"侍卫们齐声回答:"我们不怕鳌拜,只怕皇上。"康熙大喜,知道这些人对自己绝对忠心,可以依靠他们实施除去鳌拜的计划。于是,康熙设法把自己的心腹——吏部侍郎索额图改任为自己的一等侍卫。索额图为康熙出主意,要康熙以下棋为名,请鳌拜进宫,然后将他擒获。为了确保万无一失,康熙先把鳌拜的党羽差遣出去。

这一天,康熙单独召见鳌拜。鳌拜又像往常一样大摇大摆地进了宫。只见康熙端坐中间,两旁是一百多名威风凛凛的青年侍卫。一见鳌拜进来,康熙立即大喝一声:"将鳌拜给我拿下!"那些年轻的侍卫立即蜂拥而上,施展起摔跤绝技。鳌拜虽然是满族第一武士,但也敌不过众人,顿时被五花大绑地捆了

康熙一生勤政爱民,使国家逐渐强盛起来。

起来。这个权倾朝野、横行无忌的权臣终于成了阶下囚。

三、勤政爱民

康熙执政期间,撤除了吴三桂等三藩势力,康熙二十三年(1684)统一台湾。康熙二十七年至三十六年(1688—1697)平定准噶尔汗噶尔丹叛乱,并抵抗了当时沙俄对我国东北地区的侵略,签订了中俄《尼布楚条约》,维持了东北边境150多年的边界和平。在雅克萨战役中,康熙派遣黑龙江将军萨布素成功驱逐沙俄对黑龙江流域的侵略,收复了雅克萨城和尼布楚城。康熙在位期间,使清帝国屹立于世界东方。当时俄国有彼得大帝,法国有路易十四。康熙与他们比有伟大过人之处。康熙年间中国人口最多,经济最富裕,文化最繁荣,疆域最开阔,国力最为强盛,当时清朝的疆域东起大海,西到葱岭,南至曾母暗沙,北跨外兴安岭,西北到巴尔喀什湖,东北到库页岛,总面积大约有1300万平方千米。

明末清初经过长期的战乱,农业生产遭到严重的破坏,康熙采取了一系列措施恢复和发展农业生产。他下令停止圈地,六次下江南巡察黄

河和水利,修黄河、淮河、永定河。康熙的重农治河、兴修水利,取得了前无古人的成就。此外,康熙还大力修建园林,先后修建了畅春园、承德避暑山庄、热河木兰围场,他的孙子乾隆又继续兴修三山五园(三山:香山、玉泉山、万寿山;五园:畅春园、圆明园、静明园、静宜园、清漪园〈也就是颐和园〉),将中国古典园林的艺术推向了最高峰。清朝园林的兴修是中华民族的一份宝贵遗产。

康熙十分重视文化教育,他亲自主持编纂了许多重要的典籍,如《康熙字典》、《佩文韵府》、《清文鉴》、《康熙全览图》、《古今图书集成》等60多种,大约有2万卷是中华民族文化中的重要精神财富。

在中国历代帝王当中,康熙可以说是最勤奋学习的一个。康熙身上有三种血统、三种文化、三种品格。他父亲是满洲人,他祖母是蒙古人,他母亲是汉人,使他具备了三种血统。他所受的三种文化的影响则来源于:他的满族师傅给他讲满语、教他写满文,教会他骑射;他的汉族师傅给他讲"四书五经",并且受到儒家文化的教育;他还向来华传教士学习代数、几何、人文、医学等方面的知识,并颇有著述。

康熙对朝政十分勤勉,他14岁的时候开始亲政,亲自主持朝廷会议,议商和决定军国大事。大臣们在乾清门前听政,称为"御门听政"。参加"御门听政"的主要是:六部九卿的尚书,以及左都御使、通政使、大理寺卿,还有大学士、起居注官等。康熙帝的可贵之处在于,他既能汲取明朝灭亡的教训,又能继承清初优良的传统,将"御门听政"定成制度,亲做表率,以传久远。康熙帝从康熙六年亲政之日起,到康熙六十一年(1722)病逝之前,除因三大节(正旦、冬至、万寿)、重大祭日、宫中变故(如丧葬)、病卧不起等情况暂停"御门听政"外,55年寒暑不辍,坚持不懈,始终如一像康熙帝这样将"御门听政"定为常制,一以贯之,在中国皇朝史上是空前的。"御门听政"是康熙帝留下的一笔宝贵的制度财富。

康熙帝文武双全,既精通传统文化,又涉猎西方科学;既能上马左右开弓,御驾亲征击退噶尔丹,又能治国安邦。他运筹帷幄,决胜千里,坐镇北京取得了对三藩、沙俄的战争胜利;收复台湾,则显示了康熙卓越的军事指挥才能。另一方面,康熙有着过人的政治眼光和手腕,他创立"多伦会盟"取代战争,联络蒙古各部、以条约确保了国家在黑龙江的领土不被侵犯,奠定了清朝持续100多年的"康乾盛世"。

即康熙六十一年(1722),康熙帝卒于北京畅春园清溪书屋,终年69岁。

曹雪芹

曹雪芹,清代小说家,著名文学家。名沾(zhān),字梦阮,号雪芹,又号芹溪、芹圃。素性放达,曾身杂优伶而被锁空房,常以阮籍自比。贡生。爱好研究广泛:金石、诗书、绘画、园林、中医、织补、工艺、饮食等。他出身于一个"百年望族"的大官僚地主家庭,后因家庭的衰败而饱尝了人生的辛酸。在人生的最后阶段,他以坚韧不拔的毅力,历经十年创作了《红楼梦》并专心致志地做着修订工作,死后遗留《红楼梦》前八十回稿子。另有《废艺斋集稿》。故里有四,河北丰润,辽宁辽阳、铁岭与江西武阳,尚无确切定论。

一、曹家的兴衰巨变

曹雪芹的始祖原是汉人，明末人，满洲正白旗。其祖上曾是清朝摄政王多尔衮内务府的上三旗包衣，之后，曾祖曹玺成为顺治帝的亲信侍臣。1663年，曹玺被任命为江宁(今南京)织造监督，负责掌管皇帝及宫内所需的各种织物的织造、采购、供应等事宜。康熙五次南巡，有四次以他家为行宫，那时曹家的声势显赫无比。但到了曹雪芹的父亲曹頫这一代，由于宫廷内部的倾轧、斗争，康熙的儿子们在其死后争夺皇位，曹頫也被卷了进去，等到胤禛即位成雍正帝后，借口曹頫在江宁织造任内累年失职亏空，削去曹頫江宁织造的官职，又抄没了其家产。曹家受此重大打击，从此开始衰颓。曹頫只好带领全家从南京回到北京。此时，曹雪芹尚在襁褓之中。

二、痴迷于读"闲书"的少年

曹雪芹七八岁时，家里给他正式设馆，让他学习四书五经。曹雪芹从心里对这些枯燥乏味的知识感到厌烦，他向往的是爷爷大书库里那些前人的诗集、文集中美妙的词曲歌赋和动人的戏剧小说。他一有空就偷偷跑到书库里躲起来，读屈原、庄子、嵇康、阮籍等人写的著作，往往一读就是一天。

有一回，曹雪芹偷偷地从书库中拿出汤显祖著的《牡丹亭》，躲到假山背后如饥似渴地读起来。读到动情处，他好像变成了剧中人物，时而唉声长叹，时而引吭高歌。读到《游园惊梦》一场时，就听见他学着昆曲的调门儿轻轻哼唱出声儿来："原来姹紫嫣红开遍，似这般都付与残井颓垣。良辰美景奈何天，赏心乐事谁家院！"他深深为杜丽娘和柳梦梅纯洁高尚的爱情所感动。读到杜丽娘"感梦而亡"时，他竟禁不住失声大哭起来。

正巧，曹雪芹的叔父由西园经过，听到传来的哭声甚是奇怪，便命人四下找寻。结果发现，竟是自己的侄儿在这里读"闲书"着了魔，发起"傻"来。于是叔父便拉着曹雪芹去见曹頫，曹頫不由分说，叫家人将曹雪芹拉回厅内就是一顿痛打，大骂曹雪芹是"不成器的东西"。

三、呕心沥血著《红楼梦》

在雍正初年封建统治阶级内部政治斗争中，曹雪芹之父也牵连进去，被革职下狱，抄没家产，家道从此败落。后来举家北返，在北京过着贫困的生活。从锦衣玉食的显贵到"举家食粥"的贫民，曹雪芹感受颇多，对社会上的黑暗和罪恶有全面而深刻的认识。在此基础上，他"披阅十载，增删五次"，创作了不朽的现实主义巨著《红楼梦》。曹雪芹生前基本定稿的《红楼梦》只有前80回，原名为《石头记》，以手抄本形式在民间流传。现在通行的《红楼梦》120回本中后40回通常认为是高鹗续补、加工而成。

《红楼梦》以贾宝玉和林黛玉的爱情悲剧及贾宝玉与薛宝钗的婚姻悲剧为主线，通过一个贵族大家庭的兴衰变化，剖析了造成悲剧的深刻的社会根源；同时揭露了封建统治阶级的奢靡、丑恶，展示出封建社会必然走向崩溃的历史命运。

《红楼梦》一开始，就把读者带进五光十色的荣国府。这是一个由一群主子和数百奴仆所组成的贵族大家庭。这些贵族家庭成员每天想的就是如何享乐。就在这个贵族家庭中，曹雪芹塑造出贾宝玉、林黛玉两位具有光彩的男女主人公，以及众多的少女形象。

男主人公贾宝玉是贯穿全书始终的人物。根据考证，这一形象中，有作者的亲身体验。贾宝玉生长在贵族之家，家族对他寄予厚望，但是他不爱读书，憎恨封建传统思想，厌恶束缚他的家庭，充满叛逆精神。由于他生活在一群美丽、单纯的侍女中间，因而对生活在下层的女性饱含同情。

少女林黛玉是曹雪芹着意刻画的女性。这个寄居在荣国府中的弱女子,有着极强的自尊心,她才华横溢而又多愁善感。她与贾宝玉两小无猜,后来成为生死相恋的情人,但最终他们的爱情被封建势力所扼杀。

曹雪芹可谓是塑造人物的高手,在《红楼梦》中,共出现450多个人物,而每个人都有自己的特色。在表现现实生活方面,《红楼梦》有着百科全书式的博大精深,它的叙述、描写就像生活本身一样自然逼真、丰富深厚。《红楼梦》对当时贵族家庭的饮食起居等生活细节描绘精细,从中可以看出作者在烹调、医药、琴棋书画、建筑、戏曲等多方面的才华。

《红楼梦》问世以后,人们争相阅读它、谈论它,有些青年读者甚至为书中的男女主人公的爱情感动得流泪,但是《红楼梦》也引起封建官僚和封建卫道者的猛烈攻击,把它列为禁书。但无论怎么禁止,《红楼梦》仍然在群众中流传,深受人们的喜爱,成为家喻户晓的一部文学名著。

乾隆二十八年(1763),曹雪芹幼子夭亡,他陷于过度的忧伤和悲痛中,卧床不起。到了这一年的除夕,即1764年2月12日,一代文豪终于因贫病无医而逝世,享年40岁。

曹雪芹所创作的《红楼梦》,内容丰富,思想深刻,艺术精湛,在继承民族传统文化的基础上进行了巨大的创造和发展,成为我国古典小说现实主义的一座高峰,在中国文学发展史上占有十分重要的地位。《红楼梦》给后代作家提供了丰富的艺术经验,后世人们对《红楼梦》进行了大量的研究,并形成一种专门的学问——"红学"。

刘　墉

清　乾隆、嘉庆年间，盛传着"宰相刘罗锅"的故事，在老百姓的心目中，他是挑江山的秤杆上定盘的星，是刚正不阿、不向恶势力低头的表率。这位于嬉笑怒骂中替人化解险情的"宰相刘罗锅"就是刘墉。

　　刘墉字崇如，号石庵，山东诸城人，生于康熙五十八年，卒于嘉庆九年，在乾隆十六年考中进士，仕翰林院编修，官至体仁阁大学士，死后赠太子少保。他是清代著名书法家，与翁方纲、梁同书、王文治并称"清四大家"，并有《石庵诗集》传世。他是乾隆最宠信的汉族官员刘统勋的儿子，继承了父亲忠正廉明、刚直不阿的优良品德，因与乾隆帝宠信的奸相和珅斗智斗勇而留下美名。

一、酷爱书法

刘墉(1719—1804),字崇如,号石奄,其父刘统勋是乾隆年间的宠臣,他便继承了其父刚正不阿、忠正廉明的优良品德。虽然入朝为官,政绩显著,但首先他是一位书法家。在书法方面,他广泛涉猎,对唐宋诸家无不临习描摹,潜心钻研。他的书法主要习自于明代书法家董其昌,兼有唐代著名书法家颜真卿的墨韵,而刘墉则自称其书法学自三国时魏国书法家钟繇。他擅长楷书、行书,尤其擅长小楷。

应验了"物随人变"这句话,刘墉一生颇为坎坷,经历了许多次的变故,他的书法也随着他的经历的不同而展现出不同的风格:早年,刘墉为官之途风平浪静,他的书法则珠圆玉润;中年,因受其父牵连,被免官,进入牢狱,而在狱中,因他威武不屈,这时的书法就变得雄劲而有力了;到了晚年,当他已看破世事,不再追求功名利禄,他的书法也就逐渐地趋于平淡,不再像早年那样将意蕴流于文字表面,而是将劲气收敛,使书法绵里藏针,更上一层楼。

二、莫逆之交

良将易得,知己难求。在这方面刘墉是幸运的,因为他拥有纪晓岚这样的莫逆之交。乾隆十二年,纪晓岚在乡试中以第一名中举,他去刘统勋府上拜见老师,便结识了刘统勋的儿子刘墉。自此以后,到嘉庆九年刘墉去世为止,两人的友情共维持了五十八年之久。

在漫长的五十八年中,他二人共历风雨,发生在他们之间的一些趣闻,至今仍广为流传。

有一天,纪晓岚的朋友蒋爱亭将宋代著名书法家黄庭坚的碑帖送给他,得此宝贝,纪晓岚十分欣喜,但转念一想,便决定将这一宝贝转赠给挚友刘墉,以免暴殄天物。谁想,刘墉看过之后,却认为此帖中虽有十数位名家的跋语,但此帖本身却是赝品,于是便婉言谢绝了,浇了纪晓岚一头冷水。后来，纪晓岚把这一碑帖送给了识货人。在纪晓岚《〈书黄庭帖〉跋尾后》，他不无遗憾地写道："石庵或以与他本不类疑之耶！'此亦一是非，彼亦一是非'，此之谓也。"

但这次的不愉快对他们的友情根本没有一丝一毫的影响。不久之后，刘墉便意外地得到已流传了一千多年的《藏经》残本，恳请纪晓岚为它题诗，纪晓岚随即应允，欣然提笔写了题为《刘石庵相国〈藏经〉残帙歌》的二百二十四字的七言古诗。

刘墉与纪晓岚在朝中为官期间，和珅仗着乾隆帝对自己的宠信，在朝中飞扬跋扈，作威作福。刘、纪二人虽然很痛恨和珅的罪恶行径，但又无可奈何，因为作为臣子，他们不能得罪皇上。然而，让他们像朝中其他诸臣一样依附和珅，向和珅献媚，那是绝对不可能的。在这种欲干不能、欲罢不忍的两难处境中，他们只得私下达成共识，做"太平卿相"，依靠诙谐与幽默，隐身于朝廷之中，保存实力，伺机而动。于是，以后的二三十年间，他们便将大部分的时间与精力花在互赠砚台、互讨字帖、聊天、斗嘴等事情上。

刘、纪二人都熟读典籍，博古通今，又有共同的兴趣爱好，所以二人在一起，便从儒、释、道三教的得失，谈到虚幻的鬼神世界，到人的生老病死等自然规律，谈到古今中外的奇人异事，海阔天空，无所不谈。

刘墉、纪晓岚还经常一同为他人题诗、捉笔代书，这也是他们之间深挚友谊的一种体现方式。关于这一点，可以从纪晓岚写过的四首题为《石庵相国手书卷子以赠芸楣尚书季子蓊升装池后芸楣索题为成四绝》的七绝中窥知一二。单看这四首绝句的题目，觉得颇为复杂，其实事情却相当简单。工部尚书、协办大学士彭元瑞先是请刘墉为其子蓊升书写卷子，之后，又把刘墉写的卷子装裱后请纪晓岚题诗，于是，便有了这四首绝句。之后，二人竟获得了共识，不是刘墉所书写的文章，纪晓岚概不作诗，同时，刘墉也是如此，不是纪晓岚起草的文章决不动笔书写。

刘墉和纪晓岚二人，一个刚正不阿，另一个风流儒雅，虽性格迥异，但却志趣相投，皆不惧强权。他们二人相交五十八年，始终同舟共济，共同经历风风雨雨。他们二人既可以说是相知相携、肝胆相照的挚友，又可以说是在险恶宦海中互相慰藉的知音。

三、智斗和珅

在乾隆四十六年，有一次，刘墉从湖南巡抚卸任，回京上任，与和珅同在朝中为官。当时，和珅仗着有乾隆帝撑腰，在朝中作威作福，飞扬跋扈。为了能保住头上的乌纱帽，大臣们纷纷都趋附于和珅。但刘墉、董浩、纪昀、铁保等大臣始终不肯向和珅屈服，这自然引起了和珅的憎恨，于是和珅便千方百计地为难这些大臣。

乾隆帝想让刘墉做吏部侍郎。因为吏部负责铨选考核天下官吏，极其重要，而刘墉又不为和珅所用，任吏部侍郎后必然对他不利，于是和珅便以刘墉个子矮小、面貌丑陋、背部有"驼峰"、有碍国体为由，试图让乾隆帝打消任刘墉为吏部侍郎的念头。但刘墉立刻以东晋陶渊明为例进行反驳。他说："和大人此言差矣，古代就有眼斜貌丑的人在朝为官，而且为官清廉，流芳百世的，有五柳先生陶渊明，至于陶渊明究竟是否眼斜貌丑，从'采菊东篱下，悠然见南山'这句诗句中不难看出。试问，若非眼斜，陶渊明又如何能在东篱采菊却望见南山呢？"一席话，引得在场众人捧腹大笑，连乾隆帝也夸他才思敏捷，但和珅却进一步刁难刘墉，要他在金銮殿之上，以驼背为题吟诗来证明自己可以担负起吏部侍郎这一重任。和珅本以为这下可难住刘墉了吧，谁知刘墉出口成章：

> 背驼负乾坤，胸高满经纶。
>
> 一眼辨忠奸，单腿跳龙门。
>
> 丹心扶社稷，涂脑谢皇恩。
>
> 以貌取材者，岂是贤德人。

不但解了和珅的难题，而且还在诗中隐晦地讽刺了和珅，使和珅搬起石头砸了自己的脚，本想阻止刘墉当吏部侍郎，却使刘墉不但得到了皇上的赏识，还稳获吏部侍郎一职，而且使自己在皇上和众大臣面前丢了脸。从此以后，刘墉与和珅的积怨更深了。

刘墉在朝为官的二十四年中，也正是和珅在朝中专权之时。因为乾隆，刘墉无法与和珅发生正面冲突，但刚正不阿的他又岂能容忍和珅如此张狂。于是，他便在暗中与和珅较劲，旁敲侧击，借以挫败和珅的威风。刘墉因天生聪明，又极善辩，所以大多数回合都是以刘墉胜出，和珅吃哑巴亏而告终。

每逢大年初一，和珅必定会去皇宫向乾隆拜年。这天，刘墉却披了一件沾满油渍的破烂衣服，让人在自家门口泼了水，等在门边。等和珅的轿子路过门口之时，他便忙迎上前去，请和珅到府中一坐，无奈，和珅只得下轿。谁知刘墉一见他下轿，便跪在地上，五体投地。按大清礼节，同级官员必须以礼相待。和珅自然不敢违律，于是就极不情愿地跪下回礼。起身时，他为拜见皇上而特意穿的玄裳绣祆、貂帻狐裙已染上了一片污渍。受此捉弄之后，和珅又气又恨，便跑到乾隆面前哭诉，哪知乾隆一笑了之，令和珅无可奈何。

乾隆丙戌年，天下大旱，尤以山东、直隶两省受灾最为严重。到了冬天，这两省更是哀鸿遍野，令人惨不忍睹。但无奈当时国库吃紧，朝廷无法全力赈济灾民，于是刘墉与纪晓岚便想出了请京城首富和珅入瓮，向和珅募集赈灾银两的计策。商定具体方案之后，二人便依计行事。

几天之后，和珅便得到了刘府向山东老家偷运二十万两白银，无偿给灾民的消息。这一消息顿时令和珅精神大振，以为扳倒刘墉的机会到了，便纠集家丁，拦截了刘府的驮队。和珅以为赃物在手，告刘墉一个贪赃枉法罪，不曾想追到的却是一箱箱鹅卵石，中了刘墉的计，反被刘墉以和珅置山东十万灾民死活于不顾、私自拦截赈灾银两的罪名告上了朝廷。

在乾隆帝面前，刘墉与和珅互不相让，他们一个说箱中确实是白银二十万两，另一个则连呼中计，一口咬定箱中装的是石头，令乾隆难下定论，但是朝中大臣却纷纷作证，说亲眼看到二十万两赈灾银两装箱起运，为了保护和珅，乾隆帝只好顺水推舟，令和珅速速回府，取出四十万两白银，交给刘墉运往灾区，以赈济灾民。

因巧施妙计，刘墉不但为灾区募集了六十万两赈灾银，救济了挣扎在死亡线上的百姓；而他不惧权势，敢在老虎嘴里拔牙的举动更是赢得了满朝文武百官的钦佩和百姓的称赞。而这件事情，也被传为佳话。和珅这一次是赔了夫人又折兵，虽恨刘墉入骨，但却对刘墉无可奈何。

嘉庆九年，刘墉病逝，享年八十五岁，赐谥号为"文清"。他有相当骄人的书法成就，是清代著名的书法家。在朝为官时，他不攀附权贵，刚正不阿，为老百姓所爱戴。他秉持公正，坚持真理，甚至不惜犯犯上之罪，在龙身上拔鳞，从太上皇乾隆帝手中讨要传国玉玺，由此可见其刚正方直。

纪晓岚

清代才子纪晓岚是一代风流人物。他才华横溢，所出妙联绝对，天地万物、古今诗赋无不可入者，信手拈来，出口成章，浑若天成，堪称对句奇才。他处事圆达，既能体察圣心，又能智斗奸臣。虽经宦海沉浮，却可保命全身，实为隐之大者。他学究天人，前有《四库全书》之鸿篇巨制，后有《阅微草堂笔记》之奇文佳作，实乃一代文豪。观其一生，虽政绩平平，却才名远扬，为后人所传颂。

一、少年才子

雍正二年(1724)六月十五日,一代才子纪晓岚出生在献县的崔尔庄。传说纪晓岚出生的前一天夜里,一个火球从天而降,落入纪府的门楼,但纪府并未着火。正在书房假寐的纪晓岚的祖父纪天申被惊醒后,看到书案上的蜡烛从烛芯里一连爆出几朵火花。俗云:"灯花爆,喜来到。"果然,第二天午时,一个男婴降生了。纪天申给这个孙子取名叫昀,号晓岚。

纪府五公子纪晓岚,天资聪颖,读书过目不忘,才思极为敏捷,不仅经史子集无所不通,而且工诗、善赋、能文,尤长于联语对句,有"神童"之称。到了九岁,纪晓岚到县里参加童子试。入考场前,他拿着一截树枝和几个相识的考生玩耍。看见主考的教谕来了,纪晓岚赶忙把树枝藏在袖筒里,恭恭敬敬地向教谕大人问好。教谕看着这个小顽童,心中喜欢,便想考考他。于是把纪晓岚叫到身边,出了一联,要他来对,上联是:"小童子暗藏春色。"纪晓岚听了,心想先生定是看到了自己刚才顽皮的样子,便赶快对了一句下联:"老宗师明察秋毫。"教谕听了含笑点头,没想到他对得如此巧妙,不禁连连称赞。

后来,纪晓岚到河间府参加童生试,考官三年之前刚中举,正踌躇满志,听说纪晓岚是有名的小神童,便有心要考考他的才思。考官出了一句上联:"十岁顽童,岂有登科大志?"谁知纪晓岚对了一句下联:"三年经历,料无报国雄心!"考官听了,心中不悦却又无奈,猛然抬头看见了门上贴着的门神,一句上联又脱口而出:"门上将军,两脚未曾着地。"纪晓岚不假思索地答道:"朝中宰相,一手可以托天。"考官看这"神童"对得如此工整巧妙,心中不禁叹服。

半年之后,这位考官升任河间太守。这天路过崔尔庄头的官道,恰有一群小孩正在玩球,不料球打进轿子里,其他孩子都被衙役喝退,只有一个小男孩不但没跑,反而上前拦轿索球。太守仔细一看,认出他正是纪晓岚。纪晓岚此时也认出了这位太守就是他参加童生试时的主考,于是便上前施礼问好。太守晃一晃手中的球说道:"小子,我给你出一上联,你若能对得出,就把球还给你。"纪晓岚笑着答道:"请大人指教。"太守说道:"童子六七人,惟汝狡。"纪晓岚脱口而出:"太守两千石,独公……"最后一字却迟迟不说。太守急忙追问:"独公怎样?"纪晓岚笑答:"太守大人若把球还我,就是'独公廉',假如不还……""不还怎样?""那便是'独公贪'啦!"太守闻此言,哈哈大笑,心想这孩子聪慧狡黠,胆大过人,将来必成大器,心中大喜,便将球还给了纪晓岚。

时光飞逝,纪晓岚在后来的童试、县试、府试、科试中连战连捷,二十四岁应顺天府乡试,中解元。但乾隆十五年,纪晓岚的生母张氏去世,恰逢纪晓岚因服母丧,错过了两次参加会试的机会。直到三十一岁时,纪晓岚才等到机会。他连闯三关高中进士,被选为庶吉士,入翰林院,从此便开始了他的仕途生涯。

二、初入翰林

纪晓岚初入翰林,自然春风得意,他虽不善交际,但却常到几位前辈府上拜访,在他们的指导下,阅历渐深,很快适应了官场生活。纪晓岚生性恃才逞强,虽已进入官场,但这一性格仍未改变。

有一年冬天,正逢纪晓岚在南书房当值,一位太监总管走进来。他听人谈论过新科翰林、河间府的纪才子,便走到纪晓岚身边,上上下下地打量了他一番,看他身材魁梧,英俊潇洒,不像人们传说的诙谐滑稽的样子。但看他身上穿着皮袍,手里却拿着一把折扇。这是当时文人的一种雅好,不少文人学士都是这样,本不足为奇,但大冬天的,手里拿着把扇子,实在是有些好笑,便上前冲纪晓岚笑了笑,操着南方口音说:"小翰林,穿冬衣,持夏扇,一部春秋曾谈否?"纪晓岚听了总管的话,再看看自己的打扮,也觉得有些滑稽。但是他惯于恃才戏谑别人,哪里肯让别人开自己的玩笑?正要出言回敬,忽然明白这老太监是给自己出了一联,里面嵌了春、夏、秋、冬四季之名，想到这里，站起来假装恭敬地施了一礼，说道："老总管，生南方，来北地，那个东西还在么？"南书房里立刻爆出一阵哄堂大笑，老太监被戳到痛处，十分难堪，苦笑着指点了纪晓岚几下，但没说出什么话来，转身悻悻而去。

自此，纪晓岚在朝中不仅才名远扬，而且他好用文才戏弄别人的名声也传了开来。

三、结怨和珅

乾隆帝晚年，宠信大贪官和珅，一时间，和珅位高权重，几乎一手遮天。而朝廷内外大小官吏，都逢迎奉承，奔走其门下。而此时的纪晓岚也是朝中大员，但他坚决不与他们同流合污，并且不时借机讽刺和珅。

和珅新造了一座府邸，在花园中建了一座凉亭，要在亭上镶一亭额。纪晓岚是文章圣手，他便求纪晓岚为之题写。纪晓岚虽不想轻易得罪这个势利小人，但又看不惯其所作所为，见和珅这次有求于自己，便想暗中嘲弄一番，让这位目中无人的权贵不要太张狂了。于是纪晓岚便谦和地接待了和珅，又郑重地为和珅题写了两个大字："竹苞。"

这"竹苞"二字，本是《诗经·小雅·斯干》中的词语，其原句是"如竹苞矣，如松茂矣"，人们常以"竹苞松茂"颂扬华屋落成，家族兴旺。

现在纪晓岚却只写"竹苞"二字，和珅自认为文简意丰，别有韵味，心想纪晓岚的学识确实过人，又看纪晓岚平日很少给人题字，今日却对自己毕恭毕敬，心中自然得意，便兴致勃勃地拿回府去，制成金匾挂在亭上，并且常常向别人炫耀。

一天，乾隆想起了和珅新盖的府邸，便来到和府中参观。到了和府花园，乾隆看见亭上的匾额，便问是何人所书。

和珅告知后，乾隆哈哈大笑，说道："是啊，也只有纪晓岚才能写出这个词儿来……"和珅见皇上哈哈大笑，不解其意。在场的刘墉却对和珅笑道："依鄙人之见，这是纪春帆（纪晓岚别号春帆）在和你开玩笑！"

和珅追问:"他和我开的什么玩笑?"

刘墉笑道:"你把'竹苞'二字拆开来看,岂不是'个个草包'吗?"和珅这才恍然大悟,又羞又恼,虽然当众不便发作,但心中恨得咬牙切齿,暗暗下定决心要报此仇。从此,纪晓岚与和珅便结下了仇怨。

四、谪戍天山

时间不长,纪晓岚同和珅的关系便紧张起来,和珅几次进谗言,参奏纪晓岚。但纪晓岚同样也是乾隆的爱臣,乾隆见只是一些鸡毛蒜皮的小事,便劝慰和珅一番后了事。

和珅的阴谋不能得逞,哪会善罢甘休?终于,在乾隆三十三年夏天,和珅找到了报复的机会。

这年春天,尤拔世当了两淮盐政,到任后听说盐商积弊,也想趁此捞一把,但他居然索贿不成,一气之下便向朝廷奏报前一任盐政普福借盐引贪污索贿。

乾隆大惊,因为两淮盐引一项,已有二十多年没有上报备案了,其中说不清会有多少蒙混侵蚀的情况。乾隆于是密派江苏巡抚彰宝会同尤拔世进行彻底查办。两淮盐引案就这样悄悄地拉开了序幕。这是乾隆年间著名的大案之一,其株连之众,史所罕见。

彰宝、尤拔世接到皇上圣谕,立刻加紧盘查,不久即查出多起大案。纪晓岚的亲戚前任两淮盐运使卢见曾也牵连在内。早在案发之初时,和珅即已得知此案牵连到卢见曾,心中便暗自得意,并派人秘密监视纪晓岚的动静。

此时的纪晓岚也是左右为难,最终想出一个绝妙的办法。他便拿了一撮食盐、一撮茶叶,装进一个空信封里,用糨糊把口封好,里外没写一个字。然后派人连夜送到卢家。卢见曾细想之下,明白了其中的用意:"盐案亏空查(茶)封。"于是便急忙补齐借用的公款,并将剩余的资财转移到别处。查抄的人来时,已经是半月之后了。

和珅不肯善罢甘休，便三番五次地向乾隆状告纪晓岚泄露查盐机密。乾隆也觉此事有蹊跷，便亲自查问纪晓岚。纪晓岚看自己否认也无益，索性坦承此事。乾隆虽有些不悦，但又钦佩纪晓岚的才智过人，于是将他从轻谪戍乌鲁木齐。和珅本以为，这次能将纪晓岚置于死地了，没想到他竟然能死里逃生。不过这次报复得手也使和珅暗吐了一口气。

五、奉旨修书

在乾隆三十五年(1770)十二月，乾隆帝下旨赦免并召回还在乌鲁木齐戍边的纪晓岚。次年正月，乾隆下诏令其编修《四库全书》。

《四库全书》是中国历史上最大的一部丛书。在时任大学士、军机大臣刘统勋的极力举荐下，纪晓岚被任命为《四库全书》的总纂官，与陆锡熊、孙士毅一道，负责全书的编纂审核工作。《四库全书》的编修，是中国文化史上的一件大事，也是乾隆年间的一个盛举，对于纪晓岚来说，更是他一生的主要成就。

0.开始编纂之后，纪晓岚日坐书城，博览群书，寻章逐句。首先从作者的年代、生平事迹，到著作的内容要旨、长短得失，乃至别本异文、典籍源流，都在纂修者原撰的基础上，或增或删，或分或合，反复予以修改。最后再按照传统目录学的经、史、子、集四部分类体例，通盘筹划，排序编次。如此繁杂的工程，前后总共用了十几年的时间，终于编成《四库全书》三千五百零三种、七万九千三百三十七卷。由于孙士毅在《四库全书》馆时间较短，编修工作大多由纪晓岚、陆锡熊二人完成，尤其以纪晓岚的功劳最大。

此外，在编修过程中，纪晓岚还闹出了不少笑话。有一次，乾隆驾临圆明园，巡视《四库全书》的编纂情况。纪晓岚正一边吸烟一边忙碌着，一锅烟刚吸到一半，忽然听得"万岁爷驾到"的喊声，匆忙之余忘了磕掉烟锅里的火，随手将烟袋插入靴筒里，跪倒在地给乾隆帝请安。他站起来回话时，便觉得脚踝上火辣辣地疼，原来是剩余的烟火将他的袜子烧着了，但此时皇上正说着话，他只好咬牙忍着，疼得腿直打颤。正欲跪倒禀明，乾隆看他举动失常，便奇怪地问道："纪爱卿，你是怎么了？""臣……臣靴子里，走……走水（失火）啦！"纪晓岚强忍着剧痛答道。"啊？"乾隆一听急忙挥手道："快点出去！"纪晓岚便跑到殿外，也顾不得什么体面，坐在台阶上，一下子扒掉鞋袜，一股黑烟立刻冒起。看看脚上已经被烧焦了一大块。乾隆和殿内的人出来看时，纪晓岚的烟锅还插在靴筒里，与靴子一同冒着烟，人们一时被逗得笑弯了腰。

六、扈驾南巡

乾隆在位期间曾多次南巡，这次，乾隆想让纪晓岚陪他南巡，又怕他出言劝谏，于是把纪晓岚召到宫中问道："纪爱卿，朕来问你，江南山水，秀甲天下，你可愿去游览一番？"

纪晓岚见皇上突出此言，一时不明是什么意思，以为皇上要让他外任，心中倒有些高兴，便答道："江南山清水秀，人杰地灵，臣督学福建时就曾领略过江南美景。如蒙皇上垂爱，微臣愿意供任江南。"谁知道乾隆笑道："朕怎么舍得让你离开呢？既然你对江南也有向往之意，正好陪朕去南巡。"

纪晓岚一听，心中连呼上当，但此时已中了乾隆圈套，几次劝谏，乾隆只是不听，无奈只好扈驾出游。

一日，君臣游到杭州西湖，湖水碧绿，波澜不惊，湖边的荷花亭亭玉立，煞是好看。

乾隆见此美景，不由诗兴大发，脑中便出现了一句绝妙的上联，便对纪晓岚说道："朕有一句上联，不知纪爱卿能否对上？此联便是：湖里荷花攥红拳打谁？"

纪晓岚听了后，看见湖岸上的蓖麻，便不由得脱口对出下联："岸边麻叶伸绿掌要甚？"乾隆一听，脸色阴沉，他本想借此联为难一下纪大才子，戏弄戏弄他，谁知纪晓岚答得这么快，心中甚是不悦。纪晓岚一见乾隆变了脸色,马上明白了原因,心中暗骂自己不小心,只得默默无语地跟在乾隆身后,打算找机会弥补过失。

纪晓岚出身富贵,足登显宦,不会忠实地为贫苦百姓谋求利益,但他为人正直,也确实为百姓办过一些好事。

乾隆五十六年(1791)夏,京畿一带大旱,次年又逢春旱,庄稼颗粒无收,无数难民沿路乞讨。纪晓岚亲见此景,于是上书请求放粮赈灾,言辞十分恳切。乾隆批准了奏疏,放粮赈灾。以防他们中饱私囊。纪晓岚一生政绩平平,但这种义举成了他仕途上的一个亮点。

七、阅微之著

嘉庆五年八月,纪晓岚的笔记体小说《阅微草堂笔记》有五种二十四卷编订刊行,由门人盛时彦作序。

纪晓岚历任礼部尚书、兵部尚书、左都御史、协办大学士等要职,总是秉承圣意,小心事主,因而无政绩可言。但他毕竟还有不甘寂寞的一面,《阅微草堂笔记》便是在这种心态下写成的。其中的作品是纪晓岚追忆往日见闻的杂记之作,范围极广,上自官亲师友,下至皂隶士兵。内容极其繁杂,凡地方风情、宦海变幻、典章名物、医卜星相、轶闻逸事、狐精鬼怪,无所不包。全书共四十万字,收故事一千二百余则,其旨多在劝诫世人积德行善,故多因果报应之辞。

纪晓岚学宗汉儒,对道学虚伪也有所抨击。《阅微草堂笔记》中有多处以嘲弄口吻讽刺所谓道学家的迂腐虚伪。

嘉庆十年二月十日,纪晓岚受了风寒,从此一病不起。二月十四日,纪晓岚便闭上了双眼,溘然长逝。

(说明:本书使用的个别图片无法与原作者取得联系,在此表示歉意,敬请原作者及时与我社联系,我社将按照有关标准支付报酬。)